DYFED—BLAS AR

Dyfed
Blas ar ei Thafodieithoedd

Christine Jones a
David Thorne

Gwasg Gomer
1992

Argraffiad cyntaf—1992

ⓗ Christine Jones a David Thorne

ISBN 0 86383 882 0

Cedwir pob hawl. Ni chaniateir atgynhyrchu unrhyw ran o'r cyhoeddiad hwn na'i gadw mewn cyfundrefn adferadwy na'i drosglwyddo mewn unrhyw ddull na thrwy unrhyw gyfrwng electronig, electrostatig, tâp magnetig, mecanyddol, ffotogopïo, recordio, nac fel arall, heb ganiatâd ymlaen llaw gan y cyhoeddwyr, Gwasg Gomer, Llandysul.

Argraffwyd gan J. D. Lewis a'i Feibion Cyf., Gwasg Gomer, Llandysul, Dyfed.

Cynnwys

I	Trem ar y Tafodieithoedd	7
II	Y Tafodieithoedd ar Waith	28
III	Blas ar y Tafodieithoedd	65
IV	Gwybodaeth Bellach	88

Trem ar y Tafodieithoedd

Petaem yn cychwyn ar daith ar draws Dyfed, gan aros i ymgomio a gwrando sgwrs hwnt ac yma ar hyd y ffordd, buan y sylweddolem fod gwahanol ardaloedd o fewn y sir yn meddu ar nodweddion llafar gwahanol i'w gilydd. Dyna a ddisgwylid, wrth gwrs, oherwydd ymhob cymuned ieithyddol y mae amrywiadau ieithyddol rhwng aelodau'r gwahanol garfanau sy'n ffurfio'r gymuned gyfan. Pellter daearyddol yw un o'r ffactorau sy'n diffinio'r gwahaniaethau rhwng y naill garfan a'r llall. Y mae'r ffaith fod person wedi treulio'i oes, naill ai o reidrwydd neu o ddewis, mewn ardal arbennig, wedi gadael nod ieithyddol arno, nodweddion yn ei iaith sy'n wahanol i'r nodweddion ieithyddol sy'n eiddo i unigolion tebyg o ardaloedd eraill.

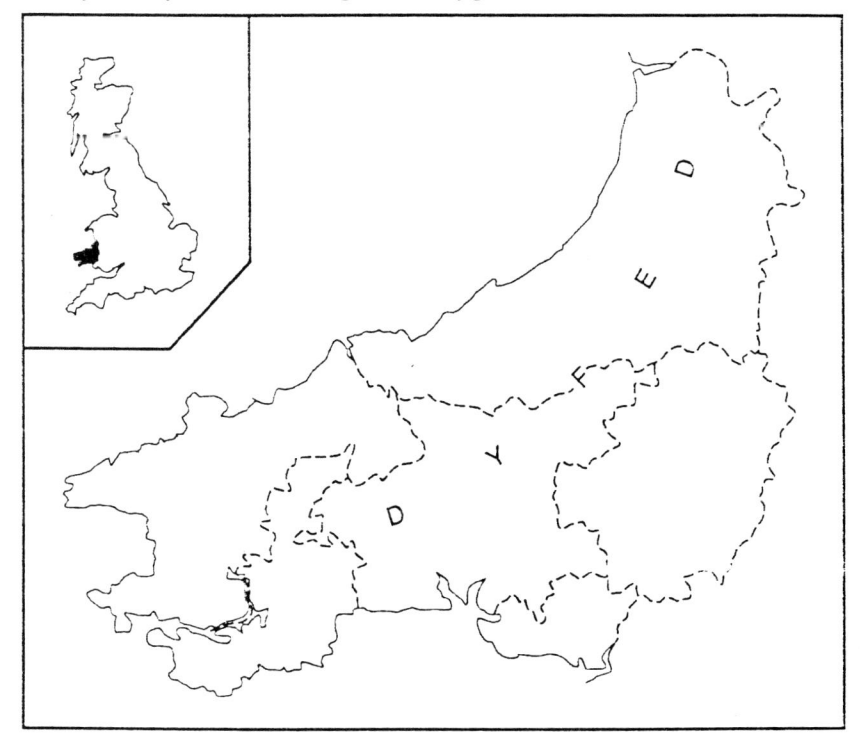

J. Gwenogfryn Evans.

Cyn cyfnod y datblygiadau cyffrous ym myd trafnidiaeth a chyfathrebu yn ystod y ganrif hon, yr oedd cyfathrach rhwng mân gymunedau bellter oddi wrth ei gilydd yn anodd, ac i drwch y boblogaeth yn anymarferol neu'n amhosibl. O ganlyniad cyfyngid y rhelyw o'r boblogaeth mewn ardaloedd gwledig i gymuned ieithyddol a oedd yn cynnwys ychydig gannoedd o bobl yn unig. Hyd yma, prif weithgarwch yr ieithyddion sydd wedi astudio tafodieithoedd gorllewin Cymru, fu astudio nodweddion y cymunedau bychain hyn. Dyna oedd nod y Dr J. Gwenogfryn Evans (1852-1930) yn ei ddisgrifiad o nodweddion llafar plwyf Llanwenog ac ardaloedd cyfagos ar dro'r ganrif bresennol. Gwnaed yr ymchwil dan adain Urdd Graddedigion Prifysgol Cymru. Dewisodd W. Eilir Evans (1852-1910), yn yr un cyfnod, ddisgrifio nodweddion ieithyddol ardal cryn dipyn yn ehangach, sef ardal yn ymestyn o Lanbedr Pont Steffan, lle y bu'n fyfyriwr yn y Coleg, hyd at Abercuch: astudiaeth ddeinamig o ardal yn ymestyn tua phum milltir ar hugain ar hyd glannau Teifi, ac a ddylai'n ddelfrydol gofnodi cyfanswm yr amrywiadau a nodweddai'r cymunedau bychain o fewn cwmpas ei sylwadau.

Ddechrau'r ganrif hon cynlluniodd y Parch A. W. Wade-Evans arolwg ieithyddol o sir Benfro ond, yn anffodus, methwyd â gweithredu ar y cynlluniau. Llwyddodd, sut bynnag, i gyhoeddi disgrifiad byr o 'Gwmrag Abergwaun' a sylwadau ar dafodieithoedd sir Gaerfyrddin. Ymddiddorai'r Athro John Rhŷs (1840-1915) yntau yn nhafodieithoedd sir Benfro ac yn 1910 cyhoeddodd William Meredith Morris (1867-1920) ei glasur bychan, *A Glossary of the Demetian Dialect of North Pembrokeshire*.

Eiddo Edward Lluyd (1660-1709) oedd yr ymgais gynharaf un i gofnodi'n ffurfiol nodweddion llafar Dyfed. Yn ei *Parochial Queries* a ddosbarthwyd ganddo i bob plwyf yng Nghymru, cynhwysodd un cwestiwn yn holi am brif nodweddion y dafodiaith leol. Hawliai'r wybodaeth:

> *What Words, Phrases or Varyation of Dialect in the Welsh, seem peculiar to any part of the country? What names of men and women uncommon? And wherein doth the English of the Vulgar in Pembrokeshire and Gowerland differ from the Western Counties of England?*

W. Eilir Evans.

Derbyniwyd atebion i'r ymholiadau o ddeuddeg o blwyfi yng Ngheredigion, chwe phlwyf yn sir Gaerfyrddin, ac o bum plwyf yn sir Benfro. Daearegwr, daearyddwr, botanegydd, hynafieithydd ac ieithydd oedd Edward Lluyd: ysgolhaig tra disglair a oedd yn gwbl ymwybodol o arwyddocâd amrywio ieithyddol-ddaearyddol. Siomedig ar y naw fu ymateb ei ohebwyr i'r ymgais ddifrifol hon gan Lluyd i gofnodi amrywio ieithyddol ar draws gwlad. Awgrymodd Edward Williams 'Iolo Morganwg' (1747-1826) sefydlu academi ohebol i gofnodi nodweddion tafodieithol yn ogystal â manylion eraill am ddiwylliant gwerin. Ei fwriad oedd gweithredu cynlluniau tair blynedd yn y Gogledd a'r De ar yn ail, ond yn anffodus ni weithredwyd ar yr awgrym hwn ychwaith. Honna Iolo iddo gasglu defnyddiau ar gyfer disgrifiadau o brif dafodieithoedd y Gymraeg a gwyddys bod cyfran o'r defnyddiau hyn wedi'u casglu yn Nyffryn Teifi. Yr oedd gan y Tywysog Louis-Lucien Bonaparte (1813-91) yntau syniadau digon tebyg ynglŷn â chofnodi'r tafodieithoedd Cymraeg. Yr oedd yn un o arloeswyr tafodieitheg fodern yn Lloegr ac yn 1854 bu ar daith drwy Gymru. Manteisiodd ar y cyfle i ymgydnabod â gwahaniaethau tafodieithol ac i drafod yr iaith Fuskera, maes arall a ddenai Bonaparte, gyda Rowland Williams yng Ngholeg Dewi Sant, Llanbedr Pont Steffan. Y mae'r Archif o Lafar Dyfed a sefydlwyd yng Ngholeg Prifysgol Dewi Sant, Llanbedr Pont Steffan yn casglu amrywiaeth o ddefnyddiau llafar o fewn y sir ac yn anelu at sicrhau defnyddiau sy'n gynrychioliadol o bob plwyf.

Ond nid daearyddiaeth yw'r unig ffactor i'w hystyried wrth geisio rhoi cyfrif am amrywio ieithyddol. O fewn cymunedau'r fro hon bodola carfanau arbennig sydd wedi eu seilio ar strwythur cymdeithasol y fro—ffermwyr a physgotwyr, crefftwyr a labrwyr, athrawon, siopwyr a gwehyddion—ac y mae gan bob un carfan eu cyfrifoldebau a'u diddordebau sy'n eu denu i ymwneud â'u tebyg. Y mae cyfathrach o'r fath yn feithrinfa i amrywio ieithyddol; y mae gan alwedigaethau arbennig eirfa arbennig: ffurfiau nad ydynt yn rhan o'r gynhysgaeth ieithyddol sy'n gyffredin i bob aelod o'r gymuned, ond yn gyfyngedig, yn hytrach, i'r ymwneud rhwng adar o'r unlliw â'i gilydd. Ni fyddai neb fawr elwach o chwilio geiriadur safonol i gael hyd i ystyr y ffurf *fals,* neu er mwyn gwybod beth yw dyletswyddau'r *bastwynwr,* neu er

William Meredith Morris.

Syr John Rhŷs.

Edward Lluyd.

Edward Anwyl.

mwyn sicrhau disgrifiad o dechneg *barcio,* neu er mwyn cael esboniad ar y gair *trân,* neu er mwyn athronyddu ynghylch *mwys* a *mwrw.* Mae'r eirfa hon yn gyfyngedig i un garfan o fewn sir Dyfed—pysgotwyr aberoedd godre Ceredigion.

Rhaff tua deuddeg troedfedd o hyd yw'r *fals* ac ynddi hi y bydd y *bastwynwr* yn dal ei afael ar y lan, tra bo'r pysgotwyr sydd yn y cwch yn bwrw rhwyd i'r dŵr. *Barcio* yw trwytho rhwyd gotwm mewn cymysgedd o ddŵr a rhisgl deri rhag iddi bydru'n rhy gyflym. *Trân* yw nifer o rwydi wedi eu cysylltu i wneud un rhwyd hir tua chanllath o hyd. *Mwys* yw 620 o bysgod, a thri physgodyn yw *mwrw.*

Y mae oed, yn ogystal, yn ffactor sy'n cyfrannu at amrywio ieithyddol. Gall dosbarthu nodweddion neu amrywiadau ieithyddol yn ôl oed fod yn ddrych o ddatblygiadau ieithyddol yn y gymuned. Craidd y ddamcaniaeth yw bod iaith yr unigolyn, wedi iddi sefydlogi ac ymsefydlu, yn aros yn weddol ddigyfnewid ar hyd ei oes. Y mae iaith pobl sy'n ddeugain oed heddiw yn adlewyrchu i raddau helaeth iaith pobl a fydd yn ddeg a thrigain ymhen deng mlynedd ar hugain. O ddosbarthu nodweddion ieithyddol mewn grwpiau o siaradwyr o wahanol oed, gellir cael cip ar unrhyw ddatblygiadau ieithyddol-hanesyddol sydd ar droed yn y gymuned. Y mae rhai o'r defnyddiau a gasglwyd gan yr Athro Edward Anwyl (1866-1914) ar ddechrau'r ganrif hon yn awgrymu bod cyfnewidiadau o'r fath wedi eu canfod yn ne Ceredigion.

Ffactor arall sy'n cyfrannu at amrywio ieithyddol yw rhyw y siaradwr. Dangosodd astudiaethau mewn nifer o ieithoedd, gan gynnwys y Gymraeg, fod merched yn fwy ceidwadol yn ieithyddol na dynion, hynny yw, yn llai parod i dderbyn ffurfiau ieithyddol newydd. Ond y mae pob aelod o gymdeithas, boed fab neu ferch, yn tyfu mewn cymdeithas ac yn etifeddu'r amrywiadau ieithyddol sydd wedi'u hau yn y gymdeithas honno, ynghyd â'r agweddau eraill ar ddiwylliant sy'n perthyn i'r gymdeithas y mae'n aelod ohoni. Y mae'r amrywiol bobl, yr amrywiol garfanau yr ydym yn ymwneud â nhw, naill ai'n uniongyrchol neu'n anuniongyrchol, yn gymorth i fowldio ein geirfa a phob un o'r elfennau eraill hynny sy'n ffurfio'n hiaith gyfan.

Y mae'r astudiaethau a gwblhawyd eisoes ar iaith lafar sir Benfro yn dangos bod oedran, rhyw, addysg, prif iaith y cartref, yn ogystal â

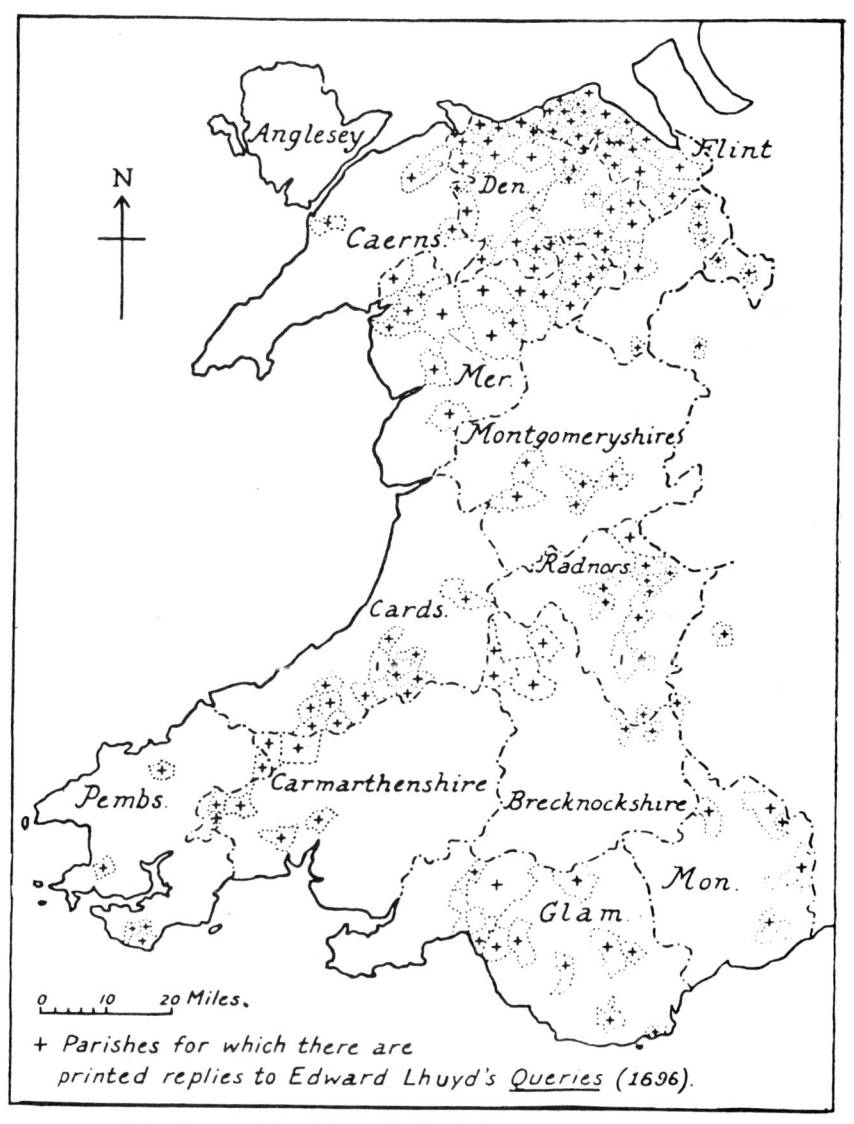

+ Parishes for which there are
printed replies to Edward Lhuyd's Queries (1696).

Plwyfi y gwyddys iddynt ddychwelyd holiadur Edward Lhuyd.

daearyddiaeth yn ffactorau y mae'n rhaid eu hystyried wrth geisio rhoi cyfrif am yr amrywiaeth cyfoethog o ffurfiau a glywir o fewn y sir.

Ac yng nghyfanrwydd ein cynhysgaeth ieithyddol rydym yn amrywio ein hiaith yn ôl natur y pwnc dan sylw, natur a maint y gynulleidfa a lle'r ymddiddan. Y mae maint ac amlder yr amrywio yn dibynnu i raddau helaeth ar gefndir addysgol a diwylliannol y siaradwr, ond y mae'n nodwedd, yn ogystal, ar iaith y mwyaf difreintiedig o blant dynion.

Wrth gwrs, y mae'r gweddau hyn ar yr iaith lafar yn dra chyffredin a llawer ohonynt yn ganfyddadwy i'r gwrandwr gofalus. Gŵr o'r fath oedd Theophilus Evans (1693-1769) awdur *Drych y Prif Oesoedd* a brodor o gyffiniau Castellnewydd Emlyn. Yn y *Drych* ceir ganddo awgrymiadau ynglŷn ag olrhain ffiniau tafodieithol. Y mae hwnnw'n

Theophilus Evans.

bwnc rhy gymhleth i allu ymhelaethu arno yma, ond dilynwyd ei awgrymiadau gan Wade-Evans ac fe'u cadarnhawyd gan ymchwil tafodieithegwyr yn ystod saithdegau ac wythdegau'r ganrif hon. Y mae, yn ogystal, ffurfiau, geiriau, pynciau a osgoir o dan amgylchiadau cymdeithasol arbennig. Pynciau gwaharddedig y gelwir pynciau o'r fath: pynciau neu ffurfiau y mae rhyw ymdeimlad o swildod ynglŷn â'u defnyddio bob dydd. Maent yn cynnwys geirfa sy'n ymwneud â gweithredoedd rhywiol, rhannau dirgel corff y gwryw a'r fenyw, organau cenhedlu creaduriaid maes a buarth. Y mae ffurfiau gwaharddedig yn rhan o gyfundrefn ieithyddol Dyfed a phob cymdeithas arall—petaent yn hollol waharddedig byddent, wrth gwrs, wedi diflannu.

Gwe gymhleth o'r holl elfennau hyn yw llafar sir Dyfed: amrywiaeth yn digwydd ar nifer o lefelau—daearyddol, hanesyddol, cymdeithasol ac emosiynol, ond y mae'n gyfrodedd nad ydym ni, dafodieithegwyr y Gymraeg, ond yn dechrau ei hadnabod heb sôn am ei diffinio, ei dadansoddi a'i disgrifio.

O ganlyniad rhaid bodloni ar dafell o lafar y fro hon yn unig, ond tafell a fydd, gobeithio, yn arddangos rhai o nodweddion amlycaf y sir ym mharhawd tafodieithol de a gorllewin Cymru.

Clywn dros ran helaeth o ddyffryn Teifi y llafariad *y* (dywyll) mewn safleoedd lle y mae'n anghyfarwydd mewn ardaloedd eraill. Mewn geiriau megis *bryn, byr, byth, clust, cylch, cyn, cyrff, dryll, dull, ffyrdd, gwyn, gwyrdd, gwynt, hyn, hyll, mynd, pump,* sylweddolir y sain lafarog gan *y* (dywyll). Cyfeiria Gwenogfryn at y nodwedd yn ei ymdriniaeth ef, ond y mae'n ymestyn ymhellach na ffiniau plwyf Lanwenog, gan hynodi iaith lafar rhan helaeth o ddyffryn Teifi rhwng Llandygwydd a Thregaron. Y mae'n nodwedd, yn ogystal, ar dafodieithoedd megis Rhandirmwyn, Cil-y-cwm a Llanfair-ar-y-bryn yn Nosbarth Dinefwr. Ar ben arall y sir, y mae'n nodwedd sy'n ymestyn ar draws afon Teifi i Drefdraeth a'r cyffiniau. Byddai'n anodd ar hyn o bryd nodi union ddosbarthiad daearyddol pob ffurf unigol sy'n cynnwys y nodwedd, oherwydd digwydd cryn amrywiaeth yn amlder digwyddiad y nodwedd ac yn ei safle yn y gair mewn perthynas â'r acen. Yn Nihewyd casglwyd pedwar ar ddeg ar hugain o enghreifftiau mewn gwahanol eiriau unsill, ond ym mhlwyf Pencarreg, cofnodwyd tair ar ddeg o enghreifftiau yn unig yn y safle hon. Ni chyfyngir y nodwedd i eiriau unsill: digwydd yng ngoben acennog geiriau lluosillafog megis *hufen, sgubor, trigo, udo, cymuno, tunnell, llusgo* ac mewn safle rhagobennol mewn ffurfiau megis *clustoge, hufennu* yn Nhregaron a Dihewyd. Ni chofnodwyd enghreifftiau mewn geiriau lluosill ym mhlwyfi Pencarreg a Llanllwni. Clywir *y* (dywyll) mewn rhai geiriau unsill megis, *cyrch*, 'ceirch', *pyrcs*, 'perchyll' yn Llandysul, Castellnewydd Emlyn a Llandygwydd, ond y mae amlder digwyddiad y nodwedd yn lleihau o gryn dipyn yng ngodre Ceredigion a gogledd Penfro. Yn wir, anaml y digwydd y sain *y* (dywyll) yn llafar gwaelod dyffryn Teifi. Arwyddocâd hyn yw bod cyfnewidiadau sylfaenol wedi digwydd ym mhatrymau seiniau unigol ac ym mhatrwm cyfnewidiadau llafarog gwaelod dyffryn Teifi o'u cymharu â rhan uchaf y dyffryn. Yng ngodre'r sir clywn seinio'r fannod fel *i* a'r rhagenw blaen ail berson unigol *dy* fel *di*. Y mae'r cynaniaid yma ar y rhagenw blaen i'w glywed, yn ogystal, yng nghanol y dyffryn. Ni ddigwydd y sain *y* (dywyll) yn y goben acennog mewn amryw dafodieithoedd yn rhan isaf Ceredigion; nid yw'r cyfnewidiadau llafarog *i* > > *y* (dywyll), *w* > > *y* (dywyll) yn rhan o gyfundrefn cyfnewid morffoffonolegol godre'r sir ychwaith. Y norm yng ngwaelod y sir yw ffurfiau megis:

bis 'bys'   *bise* 'bysedd'
mini 'mynydd'   *minidde* 'mynyddoedd'
nith 'nyth'   *nithe* 'nythod'
rhifel 'rhyfel' *rhifelodd* 'rhyfeloedd'

mwdwl - mwdwli 'mydylu'
hwrdd - hwrddod 'hyrddod'
cwch - cwche 'cychod'
cwmwl - cwmwle 'cymylau'

Dyma nodwedd y tynnodd rheithor Cas-mael sylw ati wrth ateb holiadur Edward Lluyd yn yr ail ganrif ar bymtheg. Fe'i crybwyllir gan Wade-Evans yntau yn ei ddisgrifiad o dafodiaith Abergwaun ddechrau'r ganrif hon.

Sylweddolir yr orgraffyn *eu* mewn ffurfiau megis 'beudy' gan *oi* yn llafar rhan helaethaf hanner isaf Ceredigion pan ddigwydd yn y goben acennog ac yn rhagobennol mewn ffurfiau megis:

boidi   *boidie*   'beudyau'
coilan   *coilane*   'ceulannau
troilo   'treulio

Yng nghanol Ceredigion bydd ffurfiau *oi* yn cyfodoli â ffurfiau *ei* ond yng ngogledd y sir *beidi, ceilan, ceilane* yn unig a glywir. Yn neau Ceredigion cawn ffurfiau megis *bouid* 'bywyd', *bouin* 'bywyn', *rhouin* 'rhywun' yn bodoli ochr yn ochr â *tywyll, tywy(dd), llywy(dd)* ac yng nghanol y sir wedyn *bouid* a *bywyd* sy'n gyffredin.

Yn nhafodieithoedd y de ddwyrain bydd y deuseiniaid disgynedig yn llithro naill ai i gyfeiriad y llafariad *i* neu i gyfeiriad y llafariad *w*. Mewn amryw o dafodieithoedd yng nghanol a de Ceredigion clywir dwy ddeusain ddisgynedig sy'n llithro i gyfeiriad *e*. Yn y naill, cychwynnir drwy gynanu *a* a llithro i gyfeiriad *e* mewn ffurfiau megis *maeth, gwael, brogaed*; mae'r ddeusain arall yn cychwyn trwy gynanu *o* ac yn llithro i gyfeiriad *e* mewn ffurfiau megis *oes, poen, doe, coed, cadnoed, troed*. Ar draws hanner isaf Ceredigion bydd y ffurfiau yn *oe* yn cyfodoli â *wes, dwe, cwed, trwed*: y mae ffurfiau deusill yn digwydd yn ogystal, *o-es, do-e, co-ed*. Yng nghyffiniau Castellnewydd Emlyn y mae *Cwrcwed* 'Cwrcoed' a'r *Fwel* 'Y Foel' yn ffurfiau llafar ar enwau ffermydd. Yn Post Mawr sylweddolir y clwm llafarog gan lafariad seml mewn ffurfiau megis *os* 'oes', *pon* 'poen'. Yng ngogledd Ceredigion disodlir y llafariad seml gan ddeusain sy'n llithro i gyfeiriad y llafariad *i* sef *ois* 'oes', *poin* 'poen'.

Yn nhridegau'r ganrif hon nododd y Dr J. J. Glanmor Davies mai ymhlith y canol oed a'r ifanc y clywid y ffurfiau *wes* a *w-es* fynychaf yng Ngheinewydd; *ois* oedd ffurf y bobl hŷn. Mewnfudwyr a ddewisai'r ffurf *os*. *W-es* a *wes*, yn ôl y Dr Glanmor, a ddigwyddai yng ngwaelod Ceredigion.

Yn ystod nawdegau'r ganrif hon datblygwyd dulliau cyfrifiadurol i ddadansoddi dosbarthiad ffurfiau o fath *wes, ois* ac *os*. Dangosodd astudiaeth o iaith lafar Y Mot yn Sir Benfro mai prif ddefnyddwyr ffurfiau o fath *wes* yn Y Mot yw gwrywod sy'n enedigol o'r Mot; prif ddefnyddwyr ffurfiau o fath *os* yn Y Mot yw'r gwrywod hynny a symudodd i'r plwyf o bentrefi cyfagos Maenclochog a Threamlod.

Lle ceir amrywio rhwng *y* ac *i* mewn geiriau lluosillafog megis *tynnu/tinnu* a *sylwi/silwi*, dynion oedd prif ddefnyddwyr y ffurfiau yn *i*. Yn aml iawn llwyddwyd i gysylltu'r amrywio ieithyddol â mwy nag un nodwedd gymdeithasol. Er enghraifft gellir dewis seinio'r fannod yn Y Mot naill ai fel *y* neu fel *i*: nid oedd yr un wraig dan 60 oed, sut bynnag, yn dewis ei seinio fel *i*—ac un gŵr yn unig dan 45 oed a wnai hynny. Dangosodd yr astudiaeth hefyd mai'r gyfran honno o boblogaeth Y Mot a dderbyniodd addysg gynradd yn unig sy'n seinio'r fannod amlaf fel *i*. Yr oedd y rheini a dderbyniodd addysg gynradd yn unig yn fwy tebygol yn ogystal o golli *h*- yn ddechreuol mewn gair o'u cymharu â'r rheini a dderbyniodd addysg gynradd ac addysg uwchradd.

Byddai'n rhy fentrus i dynnu casgliadau cyffredinol ar draws ardal eang ar sail un astudiaeth, ond y mae'n dangos yn eglur mor gymhleth ac mor ddiddorol yw'r ffeithiau sy'n cael eu datgelu wrth astudio'r iaith lafar.

Nodwedd fwy cyffredinol ar batrymu llafarog tafodieithoedd gorllewin Dyfed yw'r defnydd o lafariad hanner agored yn y goben acennog, lle y ceir ansawdd fwy caeëdig yn nhafodieithoedd de ddwyrain Cymru. Clywir y nodwedd mewn geiriau megis *mochyn, cochi, gofyn, tlodi, priodi, meddwl, enw, wedi, heddi*. Gwyddys bod y duedd at lafariad o ansawdd agored yn y goben yn dechrau datblygu a chynyddu i'r gorllewin o Lan-non yn yr hen sir Gaerfyrddin, ond y mae'r patrwm deinamig o fewn ardal gweddol gyfyng megis dyffryn Teifi ymhell o fod yn eglur. Yn iaith y boblogaeth sefydlog y mae ansoddau caeëdig a hanner agored yn cydfodoli mewn rhai geiriau, ond mewn ffurfiau eraill megis *coleg, bloneg* ansawdd gaeëdig a fydd i'r llafariad yn y goben yn ddieithriad.

Un o nodweddion cyffredinol tafodieithoedd gogledd Cymru yw'r sain lafarog ganol uchel a glywir mewn geiriau megis *du, mud, tŷ, byd, pump*. Ceir olion prin o lafariad debyg yn sir Forgannwg a digwydd sain o ansawdd cyffelyb yn ogystal ar lannau Teifi: cofnodwyd y sain yn y geiriau unsill acennog, *crydd, cryf, sych* ym mhlwyf Pencarreg, ond yn wahanol i dafodieithoedd y Gogledd y mae'n amrywio â'r llafariad flaen gaeëdig *i* (a geir yn *ci, tir*).

Nodwedd ddigamsyniol ar iaith lafar sir Drefaldwyn—a dwyrain Morgannwg hefyd o ran hynny—yw'r llafariad flaen hir a ddigwydd mewn geiriau megis 'tad', 'da', 'bach'. Yng nghanol a de Ceredigion *a* gegagored a geir yn y safle hon yn ddieithriad ond clywir llafariad flaen hir yn y safle hon yng ngogledd eithaf y sir, sef i'r gogledd o Dre'r-ddôl mewn geiriau megis 'ffa', 'da', 'tad', 'mam', 'cael'.

Gwahaniaeth sylfaenol arall rhwng De a Gogledd yw'r modd y cynenir y clwm cytseiniol dechreuol *chw-*. Yn y Gogledd clywir *chw-* ond yn y de orllewin *hw-*. Ceir y ddau gynaniad yn sir Drefaldwyn: *chwech* yn ogystal â *hwech*, *chwith* yn ogystal â *hwith*. Tebyg yw'r sefyllfa yng nghyrion gogleddol eithaf Ceredigion; ac eithrio'r adferf *chwaith*, *hw-*yn unig a ganiateir yng ngweddill y sir. Dyma un o nodweddion llafar y *Demetae* y mae'r Dr John Davies, Mallwyd (c. 1567-1644) yn llawdrwm iawn arni yn ei *Antiquae Linguae Britannicae . . . Rudimenta* ac yn argymell ei hosgoi. Gwahanol iawn oedd barn Gerallt Cymro (1146?-1223) am iaith Ceredigion. Yn ei *Descriptio Kambriae* dywed mai 'ardal Ceredigion . . . a ddefnyddiai'r iaith arbenicaf a mwyaf canmoladwy'. Ailadroddir y sylwadau hyn gan Humphrey Llwyd (1527-68) yn *Breuiary of Britain* (1573). Ym marn Iolo Morganwg, iaith lafar Ceredigion a Phenfro oedd sylfaen yr iaith lenyddol a sylfaen ieithwedd y Beibl Cymraeg. Yr oedd iaith sir Gaerfyrddin, yn anffodus, *so impure as to be of no use at all*. Barnai Iolo y ceid syniad da am brif nodweddion iaith lafar Dyfed o astudio nodweddion ieithyddol Llanbadarn Fawr, Llandeilo Fawr, Castellnewydd Emlyn a Hendy-gwyn.

Cyfeiriwyd eisoes at rai o nodweddion iaith lafar sir Forgannwg. Un o nodweddion amlycaf tafodieithoedd Morgannwg yw caledu, sef dileisio *g, b, d,* ar ddiwedd sillaf acennog gan amlaf. Nodweddiadol o Forgannwg yw ffurfiau megis *atrodd* 'adrodd', *Eprill* 'Ebrill', *priotas* 'priodas', *planceti* 'plancedi', *blota* 'blodau', *acor* 'agor'. Y mae caledu yn nodwedd ar holl dafodieithoedd Morgannwg ac ymestyn yn ogystal, i sir Frycheiniog tua'r gogledd ac i sir Gaerfyrddin tua'r gorllewin lle y mae'n nodwedd ar dafodieithoedd dyffryn Llwchwr a dyffryn Gwendraeth. Yn Nosbarth Dinefwr y mae enghreifftiau prin o galedu i'w clywed yn Rhandir-mwyn a Chil-y-cwm. Yn wir, y mae'r nodwedd yn ymestyn hyd at lannau Teifi. Nodwyd dwy ffurf ym mhlwyf Pencarreg sy'n arddangos caledu sef *lletwate* 'lletwadau' a *cyfflocied* 'cyflogiaid'. Nodwyd yr un ffurfiau'n union yn Y Mot yn Sir

Iolo Morganwg.

Benfro. Dwy nodwedd arall sy'n goferu ar draws y ffin i Ddyfed o Forgannwg yw'r terfyniad -*ws* yn nhrydydd person unigol gorffennol y ferf, a'r terfyniad -*ath* mewn enwau megis *gwasanath, cynylath, gwaniath.* Y mae dybledau berfol megis *canws* a *canodd, gwelws* a *gwelodd, ymladdws* ac *ymladdodd* yn britho iaith lafar ardaloedd megis Llangennech, Llanelli, Pum Heol a Thrimsaran. Ar y llaw arall y mae'r terfyniad -*ath* wedi diflannu cyn cyrraedd Trimsaran.

Y mae seingolli yn nodwedd gyffredin ar holl dafodieithoedd y Gymraeg. Hynodir rhan helaeth o lafar gogledd Caerfyrddin, glannau Teifi a Phenfro gan golli'r sain -*dd* ar ddiwedd gair: *angla* 'angladd', *ano* 'anodd', *celwi* 'celwydd', *claw* 'clawdd', *gili* 'gilydd', *crechi* 'crychydd', *danne* 'dannedd', *dafe* 'edafedd', *mini* 'mynydd', *newi* 'newydd', *tachwe* 'tachwedd', *wmla* 'ymladd'. Unwaith eto adlewyrchir colli'r sain yng nghynaniad llafar enwau ffermydd megis *Bwlchclaw* 'Bwlchlawdd', *Drenewi* 'Drenewydd' ym mhlwyf Llanllwni. Y mae *Castellnewi* 'Castellnewydd Emlyn' i'w glywed yn gyffredin dros ran helaeth o dde Ceredigion. Nid yw'r nodwedd yn ymestyn dros ddyffryn Teifi gyfan ond yn hytrach yn pylu cyn cyrraedd Tregaron. Honna Iolo yn ei gofnodion tafodieithol fod colli -*dd* mewn safle diweddol yn fwy cyffredin ymhlith menywod nac ymhlith dynion.

Yn nhafodieithoedd y De fe symleiddir rhai clymau cytseiniol ar ddiwedd gair. Clywir o ganlyniad *cefen* yn hytrach na *cefn* a *cafan* yn hytrach na *cafn*. Y mae dewis arall yn bosibl yn sir Benfro yn ogystal sef cyfnewid *w* am *f* a chael *cewn* 'cefn', *sowl* 'sofl', *llawni* 'llyfni', *cowrw* 'cyfrwy'. Y mae'r nodwedd gryfaf yng ngorllewin y sir.

Mewn Cymraeg llafar safonol ceir dewis o ddau derm yn yr ail berson unigol, sef *ti* a *chi,* a'r dewis o ragenw yn arwyddo'r berthynas ddiwylliannol neu gymdeithasol rhwng y siaradwr a'r derbynnydd. Mewn amryw o dafodieithoedd y Gymraeg ceir dewisiadau o dri a phedwar term yn yr ail berson unigol. Cofnodwyd dewisiadau o dri a phedwar term yn yr ail berson unigol yn Llanllwni, Llanybydder a Cheinewydd. Dyma nifer o enghreifftiau yn yr ail berson unigol a nodwyd yng Ngheinewydd:

> *fuodd e ddim ar drath Ffynnon Feddyg*
> *cofied ddod nawr cyn yr haf*

peidied â mynd lan i dop y pentre
fydd e ddim yn difaru dod
fuodd hi lawr yn Cei?

Ceir enghraifft o'r union nodwedd hon gan Ray Evans yn ei chyfrol hunangofiannol:

Mae'r gof yn dod draw â'r darn haearn y mae wedi bod yn 'i ffusto ar yr einion. Mae yn boeth o hyd ac yn hisian wrth i'r gof 'i wthio fe i'r dŵr. Rwy'n symud 'y mys yn frysiog. Dafad gydag e ar i fys, o's e?' Fel na y bydd y gof yn siarad—yn dweud 'fe' yn lle 'ti' neu 'chi'.

(*Y Llyffant* t. 69)

Y Gymraeg yn unig o blith yr ieithoedd Celtaidd sy'n caniatáu dewisiadau o dri a phedwar term yn yr ail berson unigol ac yn Nyfed y mae'r nodwedd yn hynodi nifer o dafodieithoedd arfordir y gorllewin rhwng Solfach a Cheinewydd yn ogystal ag amryw dafodieithoedd yn nyffryn Teifi. Yn yr Archif yn Llanbedr Pont Steffan cofnodwyd enghreifftiau o'r nodwedd yn llafar brodorion o Langloffan, Carnhedryn a Hebron ger Efailwen. Anodd iawn yw hi i'r tafodieithegydd greu'r union sefyllfa gymdeithasol sy'n ei alluogi i gofnodi'r nodwedd: yn Llanllwni, er enghraifft, defnyddir y wedd hon ar yr iaith wrth gyfarch plant o oed tyner iawn yn unig. Mewn ardaloedd eraill mae'r defnydd yn dynodi perthynas hynod o glòs rhwng siaradwyr a'i gilydd. Gall y berthynas fod mor glòs fel bod dilyn sgwrs yn anodd i berson o'r tu allan i gylch cyfrin system y dafodiaith. Profir hyn yn hawdd gan yr olyniad isod a nodwyd yn Llangennech:

dew, dew, ifw, mech, mech, ifw.

Y ffurfiau berfol hollol unigryw sy'n nodweddu'r elfen hon yn nhafodieithoedd cylch Llanelli, sy'n peri'r maen tramgwydd.

Y mae craffu ar amrywiaeth ffurfiau berf afreolaidd megis *mynd* mewn gwahanol ardaloedd yn Nyfed yn rhoi syniad da inni o gymhlethdod patrymwaith ieithyddol y sir. Yn Nihewyd bydd y bôn yn yr Amherffaith yn cynnwys -*l*-: *elen, elet* ac yn y blaen. Ar yr arfordir— cylch Ceinewydd—clywir *ethen* neu *eithen*. Am y ffîn â sir Benfro digwydd *esen, eset*. Gellir cysylltu'r ffurfiau â'u bôn yn *-l-*, â thafodieithoedd gorllewin Morgannwg a dwyrain Caerfyrddin; y ffurfiau â'u bôn yn *-th-*, â gorllewin Caerfyrddin; y ffurfiau â'u bôn yn *-s-*, â Phenfro. Yn y pentrefi sy'n ffinio'n uniongyrchol â Llanbedr Pont Steffan clywir y ffurfiau yn *-s-*, *-th-* ac *-l-*: *elen* yn ogystal â *ethen* ac at hynny hefyd *esen*.

Y mae Llanelli a dyffrynnoedd cyfagos Llwchwr, Gwendraeth ac Aman yn ardaloedd a fu hyd yn ddiweddar â'u heconomi ynghlwm wrth y diwydiannau trymion traddodiadol. Fel ardaloedd eraill yn Nyfed sy'n ganolfannau cyflogaeth a masnach, denent y boblogaeth sefydlog o'r ardaloedd gwledig cyfagos a thu hwnt. O ganlyniad y mae'r dafodiaith drefol yn aml wedi mabwysiadu, ac yn fan cyfarfod, nodweddion sy'n perthyn i amryw ardaloedd gwahanol. Yn yr un modd y mae'r dafodiaith drefol hithau yn gallu estyn ei dylanwad i'r ardaloedd o gwmpas. Y mae'n bwysig cofio hefyd nad poblogaeth hollol sefydlog sy'n trigo yn yr ardaloedd gwledig hyd yn oed erbyn hyn. Yr hyn a welwn wrth astudio cyfluniad ieithyddol, cyfluniad tafodieithol y plwyfi mwyaf gwledig yw bod nodweddion o'r tu allan yn ogystal â nodweddion lleol yn rhan o'r gynhysgaeth ieithyddol. Y mae pob tafodiaith, a phob iaith o ran hynny, mewn cyflwr parhaol o newid yn sgil y ffactorau daearyddol a chymdeithasol a grybwyllwyd ar ddechrau'r gyfrol hon.

Gellir cysylltu llawer iawn o'r nodweddion a grybwyllwyd uchod ag ardaloedd eraill: perthyn rhai o'r nodweddion a ddisgrifiwyd i batrymwaith ieithyddol ardal neu ranbarth gyfagos; y mae eraill yn fwy cyfyngedig eu dosbarthiad o fewn tiriogaeth Ceredigion neu Ddinefwr, neu hyd yn oed o fewn dyffryn Teifi. Ni ddigwyddant gyda'i gilydd, sut bynnag, yn yr un sir arall. Adlewyrchir yr un ymnyddu gan ddosbarthiad yr eirfa.

Uniaetha llawer o'r mapiau geirfaol a gynhwysir yn *The Linguistic Geography of Wales* eirfa Ceredigion â geirfa'r De yn gyffredinol. Y ffurf a nodir ar y chwith a glywir gan boblogaeth sefydlog y sir pan gymherir y ffurfiau yn yr enghreifftiau ganlyn:

rhaca (Ffig. 7)   *cribyn* (Ffig. 46)
twlc (Ffig. 7)   *cwt, cyt* (Ffig. 46)
march (Ffig. 7)   *stalwyn, staliwn (t. 267)*

    mamgu (Ffig. 7)   *nain* (Ffig. 46)
    tadcu (Ffig. 7)   *taid* (Ffig. 46)
    gwahadden (Ffig. 9)   *twrch (daear)* (Ffig. 47)
    nawr (Ffig. 283)   *rwan* (Ffig. 283)

Uniaetha ffurfiau eraill eirfa Ceredigion â geirfa'r Gogledd:

    caead (Ffig. 52)   *clawr* (t. 157)
    cwpan (Ffig. 52)   *dys(h)g(i)l* (Ffig. 95)
    dodrefn (Ffig. 52)   *celfi, moddion tŷ* (Ffig. 94)

Y mae dosbarthiad daearyddol geiriau eraill yn gyfyngedig i ardal i'r gorllewin o afon Tywi ac i'r de o afon Rheidol:

    lloc (Ffig. 16)   *ffald, corlan* (Ffig. 71)
    hiddil, hilydd (Ffig. 16)   *hidlen, hidlwr, gogor* (Ffig. 151)

Digwydd ffiniau geirfaol eraill o fewn Ceredigion ei hun:

taes (Ffig. 212)	i'r de o afon Aeron.
rhic	i'r gogledd o afon Aeron.
parc (Ffig. 211)	yng ngodre Ceredigion a sir Benfro yn unig.
cae	yng ngweddill y wlad.

Cyfeiria'r rhifau uchod gyferbyn â'r ffurfiau at y map neu'r ymdriniaeth briodol yn *The Linguistic Geography of Wales* gan Alan R. Thomas (Gwasg Prifysgol Cymru, 1973). Y mae'r gyfrol hon yn gloddfa gyfoethog a hollol anhepgor i'r ditectif geiriau.

    Enghraifft reit drawiadol o nodweddion geirfaol o'r tu allan yn dylanwadu ar iaith lafar tref Aberteifi yw'r ffurfiau *meg* 'dimai', *niwc* 'ceiniog'. Dyma ddwy ffurf y gellir eu cysylltu â ffurfiau tafodieithol yn Lloegr ac a gysylltir yn arferol yng Nghymru â Gwynedd; gwreiddiodd y ddwy ffurf hefyd yng Ngheredigion o bosibl dan ddylanwad y fasnach arfordirol.

    Y gystrawen fwyaf cynhyrchiol o ddigon ar draws Dyfed yw'r cyfluniad Traethiedydd + Goddrych + Dibeniad:

    ceiodd e ben hwnnw'n go gloi
    dysgwch chi rwbeth heddi

cwmpwch chi mas â'ch cysgod
weles i ddim shwt blant diwardd

Clywir, yn ogystal, enghreifftiau o'r Goddrych mewn safle dechreuol yn y frawddeg, sef ffurf ar yr hyn elwir gan ramadegwyr y Gymraeg yn frawddeg annormal. Sylweddolir y goddrych gan aelod o ddosbarth y rhagenw Annibynnol syml a gellir goleddfu'r goddrych rhagenwol gan ragenw Ategol:

chi wyddoch chi
chi glywch chi ambell waith

Nodwedd drawiadol arall o ran gramadeg tafodieithoedd Penfro yw'r negyddion:

Sana i	*Sanon ni*
Sanot ti	*Sanoch chi*
Sano fe	*Senin n(h)w*
Seni hi	
Wena i	*Wenon ni*
Wenot ti	*Wenoch chi*
Weno fe	*Wenin n(h)w*
Weni hi	

Digwydd amrywiadau eraill ar y ffurfiau hyn megis *ana i,* a *henoch chi.* I'r dwyrain ac i'r gogledd clywir *simo i, simot ti* ac yn y blaen.

Cyfuniad o'r holl nodweddion seinegol, geirfaol a gramadegol hyn sy'n digwydd yn llafar Dyfed a rydd i'r sir ei phatrymwaith ieithyddol arbennig. Cofnodi a dadansoddi'r patrymwaith hwnnw yw amcan pennaf yr Arolwg o Dafodieithoedd Dyfed sydd wedi ei sefydlu yn Adran y Gymraeg, Coleg Prifysgol Dewi Sant, Llanbedr Pont Steffan.

Ymddangosodd gwedd llai cyflawn ar yr ymdriniaeth uchod yn *Bro'r Eisteddfod 4, Llanbedr Pont Steffan,* Gol., Hywel Teifi Edwards (1984), Christopher Davies, Llandybïe.

Y Tafodieithoedd ar Waith

Y mae tafodiaith a ffurfiau tafodieithol wedi cyfoethogi llenyddiaeth Gymraeg ar hyd y canrifoedd ac y mae'r tafodieithoedd hwythau wedi cadw ffurfiau hynafol sydd wedi hen ddiflannu o'r cywair llenyddol cyfoes. Er bod ffurfiau tafodieithol y gellir eu cysylltu'n uniongyrchol â Dyfed i'w canfod mewn gweithiau megis *Pedair Cainc y Mabinogi* neu *Culhwch ac Olwen* ac yng nghynnyrch beirdd yr Oesoedd Canol, digwyddant yn amlach o lawer yng ngwaith Theophilus Evans, William Williams (Pantycelyn), David Owen (Brutus), Llewelyn Williams a chan y baledwyr.

Yn ystod y bedwaredd ganrif ar bymtheg y dechreuwyd ysgrifennu'n fwriadol yn y Ddyfedeg. Erbyn dechrau'r ganrif hon yr oedd yn arfer ddigon cyffredin i gynrychioli amryw dafodieithoedd Dyfed wrth ysgrifennu deialog. Cynyddodd yr arfer wedi i Kate Roberts amddiffyn hawl y storïwr i ddefnyddio tafodiaith, mewn erthygl bwysig a ymddangosodd yn *Y Llenor* yn 1931.

Mae'r detholiad o ryddiaith a gynhwysir yn yr adran hon yn amcanu at gyflawni dau beth: nodi'r ymdrechion cynnar i ddynodi'r Ddyfedeg mewn print, a rhoi blas o'r tafodieithoedd fel y'u cynrychiolir yng ngwaith awduron o wahanol rannau o'r sir. Ceir enghreifftiau o waith W. Eilir Evans, D. Tegfan Davies, Wyn Jones, Jacob Davies, Moelona a Sarnicol.

Yn dilyn y detholiad o ryddiaith, adysgrifir darnau byrion o lafar a gasglwyd yn Ninefwr, Llanelli, Caerfyrddin, Penfro a Cheredigion. Ynghŷd â'r darnau unigol rhoir cyfeirnod y casgliad yn Archif Tafodieithoedd Dyfed yn ogystal â dyddiad geni'r siaradwr.

GNEUD PLWM PWDIN
(Stori yn nhafodiaith Cylch Llandysul)

Fuodd Mari 'co yn gneud Plwm Pwdin wthnos ddwetha, a na chi'r helger rhifedda weles i ariod. Mae 'run peth stil, wrth gwrs, ond leni odd hi'n wath bith. Y peth cinta sy'n digwydd bob blwyddyn yw colli'r resipi, a 'na lle bidd hi'n whilo a twmlo, lan a lawr, 'nôl a mlân, miwn a mas. Ond fidd ddim sinc amdano fe, a ma raid i gâl e, achos, allwch chi neud rhwbeth bach fel bara wan-tw heb resipi, ond am beth mowr fel plwm pwdin, allwch chi bith neud e mas o'ch meddwl.

Yn y diwedd ta beth, ma raid iddi find i weld Mrs. Heiphen-Jones, cadeirydd y Wimens Bechingalw, achos ma llifir mowr gida hi ar y pethe hin. Wedi jimo tipin, gwisgo hat a plifen a rhoi jilings a miwglis obiti gwddwg, mae'n gwisgo danne dodi, a off â hi. Dim ond at dri peth ma Mari'n gwisgo danne dodi, lwchi,—angladde, cwrdde diolchgarwch a mind i weld Mrs. Heiphen-Jones. Seisnes yw honno, chi'n diall, a ma Mari'n ffeindo fod danne dodi'n help i siarad Sisneg.

Ond dyna sy'n afi obiti 'ddi, wedi câl y resipi, ma shwt bethe rhifedd yndo fe. Jil o un peth a desert spŵn o rwbeth arall, a rhiw hen gomadiwe felna. Ma hinni'n ôl reit i wirbyddigions, ond dim ond llwye powtir, lletwate a basnis sy gida ni at fesur yn y pantri 'co, a dyna Mari mewn picil ar unwaith. Ond whare teg iddi, mae'n galler geso'n weddol gowir. A fydde'i ddim gwell o fesur a phwyso, achos fe fydde rhai o'r plant 'co shŵr o sgwlcan rhwbeth, a dinna chi man a man a shanco wedin. A felni oedd hi leni; gorffod i fi roi whlrell wrth tôn clust Shincin y crwt lleia, achos dyna lle'r oedd e'n bochio a chonio yn y cwdin cyrens fel mochin heb i wirso.

Nawr wi'n lico'm bach o roch miwn plwm pwdin. Rhiw flas bach i gidjo yn y nhafod i, a ma Mari'n diall y ngwendid i gistled â neb. A wedi cimisgi'r cwbwl yn y basn llath enwyn, mae'n rhoi tipyn bach o esens o rym ar ben y bechingalw i gyd, ichi'n gweld. Dim ond un dropin bach sy ise, achos mae e'n stwff mor gryf. Wel, leni pan odd Mari wedi tinni'r corcin mas, dyna'r drws yn agor a phen Mr. Jones y prigethwr yn dod i'r golwg. Fe gas Mari shwt start nes cwmpodd y botel glwriwns lawr i'r basn pwdin, a na chi'r smel rhifedda glwes i ariod. Odd e'n dod yn donne mowr dros y gegin i gyd, nes gallech chi dingi'ch bo' chi yng nghanol briweri fawr. Fe ath Mr. Jones yn win reit, a feddylies i am funud fod e'n mind i ffeinto, achos mae e'n ddirwestwr selog.

Ta beth, fe isteddodd lawr o'r diwedd, a fe danes i mhib ar unwaith a treio whwthi mwg i wmed e yn ddistaw bach i gadw'r smel bant. A trw buo ni'n sharad biti'r tewy a phopeth, odd Mari wrthi fel dou i dreio câl yr hen beth miwn i'r basnis a mas o'r golwg. A felny buodd hi; fe rwymodd nhw lan mewn cymin o sachabwndi a alle hi, a miwn â nhw i'r dŵr dros i penne. Odd smel wedin, ond fe ath Jones whap, a dyna beth odd gwaredigaeth. Rhwng mwg a smel odd y gegin erbyn hin fel gwaith côl-tar yn gwmws.

Ond dyna fe, ma'r pwdin yn barod ta beth; wn i ddim shwt flas fydd arno fe. Dyna'r gweitha o fyw mewn hen dŷ a drws y ffrynt yn y bac—ma dynion yn dod ar ych traws chi cyn rho gwbod i chi. Odd Mr. Jones ddim fod yn y resipi, ond odd i flas e ar y plwm pwdin leni wi'n shŵr o hinni.

D. Jacob Dafis

Plwm Pwdin a Rhagor o Storïau Digri.

GWADDOL
(Stori yn nhafodiaith canol Ceredigion)

Yr oedd rhyw dawelwch anarferol ym mar tafarn y Llew Gwyn ar y prynhawn du hwnnw o aeaf tywyll. Nid am fod neb yn ddistaw nac am fod neb yn peidio dweud gair, ond rywsut y mae dyn wedi ymarfer â sŵn mewn cegin tafarn ac y mae distawrwydd cymharol yn ddistawrwydd mawr yno.

Cerddai'r hen gloc â'r un hen lwnd feddw ag arfer i'r bindil melyn a symudai yn ôl ac ymlaen yn freuddwydiol tu ôl i'r gwydr myglyd. Edrychai'r hen gloc braidd yn swil am fod breichled fynwetaidd o drimins Nadolig wedi eu gosod am ei wddf ac y mae'n siwr ei fod yn teimlo mor anghyfforddus â thincer mewn gwely plu. Nid oedd yn agos i amser cau ond cadwai un ar ôl y llall o blwyfolion y bar ei lygad gwyliadwrus ar yr amser.

Hen dafarn bychan ynghanol y wlad oedd y Llew Gwyn, tafarn un ystafell, mwy neu lai, a honno'n gwneud y tro fel bar a chegin, lle byddai Moses yn siafio a Mari ei wraig yn golchi'r llestri. Ni ymyrrid fawr arnynt ar achlysuron o'r fath oherwydd prin oedd y 'dyddiau mawr' yn y Llew a go brin y gwelid neb yn feddw gyson yno ar wahân i'r hen gloc.

Y diwrnod arbennig hwn, dydd cyn y Nadolig, eisteddai Sianco'r Crydd wrth y tân gan brysur dwymo'i ddwylo wrth rât dulwyd a oedd wedi ei enhuddo i bara hyd at stop tap. Safai'r landlord yntau â phwys ei benelin ar gornel y bar tra'r edrychai Wil Mali allan drwy'r ffenestr fechan, dywyll. Rhaid ei bod yn bur anodd gweld allan drwyddi o gwbwl gan fod y ffenestr, er cyn cof, wedi ei haddurno yn y fath fodd fel na allai neb weld i mewn. Cuddiwyd y gwaelod â chyrten hynafol o liw'r olden a lledai rhedynen fawr yn freichiog dros y rhannau uchaf, ond rhwng dail gwyw honno fe ellid, o syllu, weld y ffordd a'r fynwent a'r eglwys yr ochr draw iddi.

Wedi edrych ar ei beint yn ofalus o bob cyfeiriad fe gymrodd Sianco ddracht o'i waelodion gan roi'r gwydryn yn ôl yn ddyfeisgar ar y pwt pentan. Aeth ati wedyn i dwymo ac yn y fan wedi rhagor o synfyfyrio i gyfeiriad y peint a rhoi pwt i'r ci â'i ffon am ddim un rheswm yn y byd, fe droes at Moses wrth y bar:

'Faint o'r gloch yw hi nawr, wedech-chi?'

Tynnodd hwnnw ei oriawr-dan-ddaear o'i châs, cododd ei lygaid at y cloc ac wedi gwneud rhyw fath o sym gyfrin yn ei feddwl, dyma fentro rhoi'r ateb, 'Mae'i nawr,' meddai'n bwyllog, 'mae'i nawr mor agos y gall hi fod i bum munud i ddou.'

'Ho,' mynte Wil Mali â'i fwstash-baco-shag bron a bod yn un â'r rhedynen, 'fyddan-hw ddim yn hir cyn dod 'te.'

'Na, os nad ŷn-hw wedi mynd i'r ficrej i ddarllen y wyllys. . .'

'Dyna le maen-hw, gei di weld,' meddai Sianco wrth y ci gan roi pwt arall i hwnnw er mwyn pwysleisio ffaith ddigamsyniol. 'Rwy'n digwydd gwbod mai'r ficer wnâth y wyllys, ond peidiwch holi shwt.'

'Holwn ni ddim, Sianco bach,' meddai Moses gan newid ei benelin-disgwyl-orders, 'a gobeithio fod e wedi cofio am Fred, weda i.'

'Druan o Fred.'

'Fe ddyle gofio amdano fe, gwlei.'

'Ie, whare teg i'r Sais bach, fe rows i ore i Edwards.'

'Duw, rwy'n cofio am Fred yn dwad at Edwards i Benffald fel se'i ddo—ddeugen mlynedd i Glangaea dwetha. Rown i'n was mowr yn Llwynhelyg ar y pryd a fe gâs yr hen bryfyn i drafod fel ci o'r dachre.'

'O'r hôms plant amddifed y doith e, ontefe?', gofynnodd Moses gan geisio helpu Sianco ar ei daith.

'Ie, ie, fe ddoith dege ohonyn-hw i'r ardal ma ar ôl y rhyfel cynta . . . rhywbeth am nesa peth i ddim i'r ffarmers bob amser, weldi.'

'Wâth na tw bad.'

'Ond cofiwch-chi nawr,' meddai Wil, 'rodd hi'n amser gwael ar y ffarmwr prytynny.'

'Ddim gwâth nag odd hi ar y Saeson bach amddifed odd yn gorfod dod atyn-hw. Chi'n gwybod bois, pan ddoith Fred i Benffald fe helodd yr hen Edwards e'n streit i'r twlc i garthu a hynny cyn rhoi cwpaned o de yn i law e. Un siwt odd gyda'r crwt, a miwn ag e i ganol y mochyndra yn honno. *Pull your coat off*,' medde'r hen Edwards, a dyma Fred yn tynnu'i got lawr a'i hongian hi ar ddrws y twlc mochyn. Pan â'th y crwt miwn i'r pendraw, dyna'r hwch yn dod mas, wrth reswm, a chyn pen wincad llygad llo rodd hi wedi llarpo'r got yn gyfan. Y cwbl welodd Fred pan ddoith e mas odd y lawes ola yn diflannu lawr i chorn gwddwg hi a'r hen Edwards yn wherthin nes odd i fola fe'n corco.'

'Yr hen greadur caled,' meddai Moses.

'Mor wir â'r efengyl i chi bois, ag os nag odd hynny'n ddigon, gorffod i Fred fyw heb got arall nes odd e wedi ennill digon i dalu amdani, a fe gymrodd hynny bedwar mis fan lleia.'

'Beth odd e beido mynd oddna 'te,' meddai Moses, 'ble odd yr Undeb beido gneud rhywbeth?'

'Dych-chi'r bois sy wedi hela'ch oes yn y Gweithe ddim yn gwbod y'ch geni. Undeb, wedest ti? Os ma ddim Undeb gwerth i halen hyd yn ôd heddi. Moss bach, ddoi di byth ag arferion y Rhondda i Shir Aberteifi . . . a taw ble fydde fe wedi mynd ffor hyn, brawd mogi odd tagu.'

'Fe gâs amser caled,' meddai Wil, er mwyn dangos ei fod yn rhan o'r gymdeithas o hyd, ond gan ddal i gadw un llygad ar y fynwent fan draw.

'Machgen bach i, fe gâs i leddro a'i bwno'n ddidrugaredd. Cysgu ar y dowlad odd e'n neud a phan welodd yr hen Edwards fod Fred wedi cwato cwpwl o fale o dan y ticyn un nosweth, fe'i bwrodd e â chambren nes odd e'n gleise drosto-fe. Jac y gwas mowr glywes i'n gweud ag yr odd e yn y fan a'r lle yn gweld y peth yn digwydd.'

'A hen un wael odd Mrs. Edwards am fwyd, ontefe?' meddai Moses eto gan lanw'r amser rywsut nes bod rhywun yn dod i alw diod.

'Bara sych a'r menyn wedi dowlu arno-fe o ben-draw'r byd, a odd gyda hi ddou wmed a dwy ford. Fe ath hi a Edwards lan i'r Cei am wthnos o wile unwaith, a wyddoch-chi, fe gloiodd yr hen sgriw y cwpwrth bwyd a thorri'r bara menyn i gyd yn barod i'r ddou was a'r forwm—dwy dafell y pryd—rhag ofan y bydden-nhw yn byta gormod!'

'Odd hi mor dynn, medde rhywun, fel odd hi'n cynnig bob o geiniog i'r plant am fynd i'r gwely heb swper ag yn gofyn am y geiniog nôl yn dâl am frecwast!'

'Os dim rhyfedd fod Fred ddim wedi prifio fel dyn cyffredin, te,' meddai Wil.

'Rhyfedd fod e'n fyw, gwlei, ond fe stopodd e brifio, boi bach, pan gas e'i dyngu, na beth ma nhw'n weud. Odd pawb yn gwbod fod e wedi gweld Edwards gyda'r forwm yn y sgubor ond â'th Fred ddim yn agos i'r cwrt pan odd hi'n treio rhoi tad i'r plentyn.'

'Odd gydag e ddim tylwyth yn rhywle, te?'

'Dyw e ddim yn gwbod i hunan o ble doith e na phwy yw e erbyn hyn, ond fe weles i e'n llefen unwaith pan ganodd Jac y gwas mowr "Bliw Bells o Sgotland" ar y gramaffôn. Falle fod rhywbeth yn dod i gof e prynny . . . wn i ddim.'

Bu distawrwydd am ennyd wedyn fel pebai'r cwmni yn synhwyro rhyw dristwch na wyddent sut oedd siarad amdano. Cerddodd yr hen gloc ychydig o gamrau ansicr yn ei flaen a gwasgodd Wil gorryn crwydrol yn stecs yn erbyn sil y ffenestr. Wedi gwneud hynny o wrhydri fe wnaeth rhyw ebychiad gyddfol a allai fod yn fynegiad o'i deimlad at y byd a'i bobl, neu yn ddim ond codi gwynt cyffredin. Pwy a ŵyr, oherwydd nid oedd Wil yn ŵr llafar iawn.

Edrychwyd ar y cloc eto ac ar yr oriawr-dan-ddaear yn ei châs.

'Mae'n angla hir o angla eglwys,' mynte Moses yn ddwys, gan gofio ei fod yn trin testun parchus.

Rhoes Sianco bwt arall i'r ci cyn coglais ychydig o waelod y grât â blaen ei ffon, ac fel petai am newid y sgwrs, dyma fe'n drachtio'r dafnau olaf o sudd y gwydryn gan chwerthin yn dawel yn ei frest yr un pryd.

'Ma lot o storiae am Fred,' meddai.
'Os mae'n debyg.'
'Chlywes i ddim tebyg iddo fe am sbaddu Cwmrâg. Fe ofynnes i iddo fe unwaith shwt odd e'n glanhau fflwcs y dowlad oddi ar i ddillad dy Sul cyn mynd i'r cwrdd... "*Ma ni'n bwrw fe â wal,*" mynte fe!'

Chwarddodd Moses a Wil eu cymderadwyaeth ac fe syrthiodd pin mawr y cloc dair munud heibio'r chwarter.

'A beth am y tro 'ny pan odd yr hen Edwards yn cico'r car am i fod e'n pallu starto?'

'Mofyn fi i helpu ti i cico fe, boss?' mynte Fred...

Cafwyd pwl arall o chwerthin llai parchus a'r funud nesa yr oedd Wil yn bywhau wrth y ffenestr.

'Maen-hw'n dod, bois.'

Roedd blas peint-am-ddim yn y ffordd y llefarodd y geiriau a gwyddai'r ddau gwsmer oediog yn dda pryd i alw a phryd i aros.

'Fe gewn ni'r hanes i gyd nawr-te,' meddai Moses gan symud rhai o'r gwydrau glân i fan mwy cyfleus at yr ornest. 'Beth ma'r hen Fred wedi gâl ar ôl yr hen Edwards, ŷch-chi'n feddwl?'

'Swmyn go lew, siwr o fod,' meddai Wil, 'o leia mae e'n haeddu câl i gofio'n hanswm.'

'Haeddu, myn asgwrn i, dôs neb yn haeddu mwy, tase fe ddim ond yn câl y gyflog sy'n troi iddo-fe. Dim ond yn ddiweddar mae e wedi câl stamp inshiwrans ar i garden a châs e ddim o hwnnw nes odd raid. Ma Fred wedi byw trwy'i oes ar "fe fydda i'n dy gofio di ryw ddiwarnod", a dôs dim byd ond y Welfare yn i ddisgwyl e pan werthan-hw'r lle...'

Gyda hyn, dyma'r drws yn agor fel hwthwm o wynt a chawod o gotiau duon yn arllwys i mewn i'r ystafell. O ganol y bwndel dynion daeth y bychan i'r golwg ar gyntedd y llawr â'i goler gwyn undydd yn prysur ddianc o afael ei dei ddu anniben. Rhyw stacan bach byr o ddyn â'i fysedd yn rhy fawr i'w ddwylo, ei ddwylo'n rhy fawr i'w freichiau, a'i freichiau'n rhy fawr i'w lewys. Am un waith, mae'n amlwg, teimlai ei fod yn bwysig a gwnaeth ymdrech weledig i ymateb i'r disgwyl. Taniodd sigaret yn rhodresgar, yn union fel pebai ganddo gannoedd ohonynt ym mhob poced a rhagor i sbario, a chwythodd gwmwl o fwg i gyfeiriad y bar.

'Wel,' meddai Moses yn awchus, 'fuest ti'n lwcus, gŵed?'

'Peint i bawb, Moses bach, a dere cwic achos ma syched a fi!'
'Gofiodd e amdanat ti, te?' meddai Sianco gan godi ar ei draed.
'Ma fe wedi gadel ugen punt i fi.'
'Ugen punt?'
'Ie, fel gwedodd e yn y wyllys . . . ugen punt at y claddu fi.'
Trawodd yr hen gloc "ddau" hanner awr ar ôl ei amser.

D. Jacob Dafis

Y Dyddiau Main, Llyfrau'r Dryw, Llandybïe, 1967.

DIWRNOD MOWR SHELANA
(Stori yn nhafodiaith godre Sir Aberteifi)

Wedd naws ishe i chi beido dod i wbod—ond ma cistled i fi arllwys y nghwd neu fe gewch e o ben rhywun arall a llathed wrthi siawns. Nawr, nid rhyw shifflincit o beth wedd priodas Shelana ni, na beth yw gweud wrthoch chi. Ond wedd dim bai arnoch chi holi shwd âth pethe shachni. Wedd na wnifeintodd bron bwrw'u bogel ishe gwbod pryd wedd y diwrnod mowr fel se nhw'n dewach 'u cawl o gal gwbod, a phob dwy a dwy yn sharad amdano am hirodd wedyn. 'Sdim rhifedd fod Mrs. Bowen-Davies wedi gweud wrth y fenyw co ar ôl y frecwast, 'This has been a large day Mrs. Jones.' A mi wydde'r Dafisied cistled â neb beth wedd torri strôc. Ie, diwarnod mowr, na'r ffact. Ond dyma fi'n rhoi'r cart o flan y ceffyl.

Shwd dachreuodd y ffrenshibeth? Sana i'n gwbod neu—chi'n gwbod shwd ma plancrynion heddi—yn meddwl am briodi cyn i farce'r cewyn glirio o'u penole. Mi wydde Rach a fi fod hwn a'r llall yn seso ar y groten co ac yn i hebrwng ar nos Sulie, ond heb un sponer sefydlog. Wedd na bwer yn gweud shachni, y gnele hi wedjen i rifeddu i rywun. A mor wir â mod i'n i weud e, me ath y swae ar led i bod hi a Picton Esgerucha yn mynd da'i gily, a chyn pen wincad we'r ddou'n gweld i gily ffrit ffrat ac yn caru'n dynn. Y bredych anwl, wedd hi'n cochi fel bitrwten bob tro y clywe i enw e—a mynte fe wrth y fenyw co, 'Mi eith yn fatsh, gei di weld,' a mi ath yn fatsh—clatsh.

Picton? O eitha gwboi bach yw Pic a cheinog fach tu cefen. A'i dad, tra'n debyg i fochyn dyn arall am wn i—er mod i'n cofio amdano a'i ddillad yn range a dim whiden goch ar i enw e. Mi gewch chi lower i wneud mai whys crwtied o'r ysgol a sybseidi'r defed a'i cododd e man lle mae e. Ond tabeth nele fe, wedd e'n disgyn ar i drad yn bert ofnadw. Wes gida fi fowr o gewc ar hen fenyw i fam—hen griadur fforward fel i gether i gyd. Ma na rwbeth digon caredig yndi—ond sana i'n gwbod neu, ma symteims ar jawch arni. Ond wrth lwc, fydd dim rhaid i neb ohonon ni fyw gida hi. A falle y cwyd hi i phac a mynd â'i chownt miwn ynghynt na feddyliech chi.

Wên ni'n cal llond pen o swper fan co un nos Sul pan ddowd at y mater. 'Ma nhw am weud', mynte fi, 'dy fod di'n mynd da bachancrwn yr Esger nawr ag lweth.' Mi wedodd i bo nhw'n caru'n dynn ac y leicsen nhw briodi ymhen rhyw dri mis yn yr offis fach. Chi'n meddwl fel gnes i gwlei? Wel, peidiwch â rhedeg o flan gofid—we dim mas o le—dim yw dim. 'Os priodi,' mynte fi, 'priodi mewn steil yn Salem. Pam na allwn ni dorri strôc cistled â rhai pobol y gallen ni enwi. Na, nid ffrit o beth wedd priodas Shelana ni i fod.

Mi allen i weud pwer am y partoi—na beth wedd rhedeg a raso. Shelana nôl a mlân i'r dre obiti'r dillad a'r gacen a'r llunie a'r gwallt; fi a'r fenyw co yn cymhennu biti'r clos a'r tai mas, a rhoi lapad o baint ar y drwse, a Meri Lisi'r Shop yn practeiso ar offeryn Salem bob nos o bump i saith! Y fenyw co feddyliodd am gâl Meri Lisi at yr offeryn. Chi'n gweld, 'dyw Rach ag organyddes Salem ddim yn sharad â'i gily ers wn i feintodd. A pheth arall, ma'r Shop yn presanto'n drwm; syno chi'n cal dwy garthen a dysen o lasis bach o bob man!

Mi ddath y diwrnod mowr a phobun co wrthi am i fowyd cyn dydd. Biti'r deg mi gymrodd Rach bilsen at y nyrfs a'i bwrw'i am y capel yn i thacsi, iddi gal hen ddigon o amser i setlo lawr yn gysurus a chal cewc i gal gweld pwy wedd co. Ond whare teg nawr, so ni'n cal priodas bob dy. Ond mi weda'i hyn, andras o beth yw i whare'r ber â chownt y banc. Mi ath y Midland mas o inc du am ryw brydodd wedi'r diwarnod mowr—mi wn i gymint â hinny.

Wedd y perthnase ar ganol llawr—y'n pobol ni un ochor a'i deulu e Pic goddereb yn smeilan ar i gily a disgwl: disgwl fel defed wedi drwgo mewn ffald. We'r gweinidog â'i ligad ar y drws, ag yn gwindasu am gal dachre; Pic a'r 'best man' wedi smeilan ar hwn a'r llall nes wedd i wmede nhw fel pledren, a pobol y galeri'n sishal a'i gily—na impidens ontefe? Wedd na weinidog arall hefyd yn y mahogani—secon cysn y fenyw co o'r gweithe. Mae e'n dipyn o fardd clo—wedi ennill o leia dair cader ag yn troilo wthnos yn y Genedlaethol bob blwyddyn. Y fenyw co feddyliodd am i gal e i'r briodas; mi nath benillion i'r Teifi Seid a sech chi'n gweld yr hanes yn y papur. 'Also taking part was the noted Rhondda divine—Rev. John Teifi Jones, uncle of the bride.' Jiw, 'sdim rhyw bwer oddi ar wedd e ar y Ti-Fi—digwydd sefyll wrth ochor bachan yn agor carnifal a gweud y gwir—ond mi wedodd wn i feintodd 'u bod nhw wedi i weld e.

Wel, mi ddoith hanner awr wedi deg, ond dim o Shelana. A cwarter i—ond dim sinc na sôn amdani. Ond biti marce'r unarddeg, dyna'r gweinidog yn rhoi winc fach i roi arwydd i Meri Lisi i roi tonc ar 'Here comes the bride'. Wrth lwc, wedd na neb yn grondo; wedd byse'r hen griadur bach yn wlyb sopen, a'r cîs yn stico rhwbeth rhyfedd. Wedd pob copa â'u llyged ar y drws—ag os do te—ma ni miwn. Shelana fel cwîn ar y mraich i. We'n ni sparcyn jogel mewn cot a chwt. Ond y bredych anwl—Shelana ni! Wedd hi'n bregeth i gweld hi yn i gown wen heb slifen, yn dwce i gyd; hat wen cymint â bwced dounaw cyn rhyfel, yn fflowre drosti i gyd a menyg i fatsho, heb sôn am y bag bach a shwsis gwyn yn wichwach i gyd—yr un spit â radiator car 'n dwlle i gyd. Sana i'n gwbod am y dillad isha ond mi gostodd y rigowt geinog i mi, cistled i weud e a'i feddwl e. We'r gynulleidfa wedi delffo ar ddou grwt bach Dr. Rees yn cario'r gwt. Licsen i chi weld wmede Mari'r Dole a Leisa Snobenwen, fel se mellten wedi 'u taro nhw—na faint o syndod geison nhw pan ddath Shelana ni miwn. Wedd Pic yn smeils o glust i glust erbyn hyn ond 'sdim tw tws na wedd i nyrfs e'n rhacs jibiders.

We'n i ddim yn bles iawn ar y ddou weinidog. Bachan angla yw Jones ni, chwel, wrth i fodd pan fo'r dagre'n llifo ond mas o'i ddwnder ag yn oeri i gawl yn ombeidus mewn priodas. Wedodd e ddim ar i weddi shwd we'n teulu ni wedi bod yn gefen yn Salem, a wedd Teifi ddim yn lico rhico da'r teulu—na gythrel o waith. Digon ffritedd wedd y canu hefyd. Ma nhw am weud nad oes dim o'r cythrel canu gyda ni co yn

Salem. Da dim na wedech chi na wedd dim un cythrel yn canu, na'r ffact.

Mi fuwd rhyw brydodd wrth y llunie—y pâr ifanc gynta, wedyn y Grŵp. Yna'n teulu ni a'r ddou weinidog; yna i deulu e Pic (heb weinidog) achos syno Seion wedi galw neb wedi'r hen Bryse bach fynd at i wobor. Mi alle'r ffeirad fod wedi dod pe bai'r Esgob fel mochyn dyn arall. (Gyda llaw, mi dynnwd llun Shelana yn i 'going away' wedi'r frecwast, a dou grwt bach y doctor yn boichen fel se cylleth yn i gwddge nhw, ishe mynd gyda'r pâr ifanc cofiwch).

Wel ma ni'n i gwân hi am y Bliw Bôr am y frecwast gan adel digon o reis i gynnal adar y greadigeth. Pam y Bliw Bôr wedoch chi? O, weda'i wrthoch chi. Ma'r B.B. yn câl i gyfri'n well na'r cyffredin. Ma'r *Coffi Tafarn* yn olreit am lond pen i dowlu ar ddiwarnod mart, a'r Central am bartïon, ond jawch, wans in a leiffteim ma priodas Shelana ni—gwlei.

Na chi ffestus! A'i ddim i hala amser i weud wrthoch chi, ond wedd y ford yn bregeth i gweld. Popeth yn flasus, ond y twrci. Da dim na wedech chi i fod e wedi gweld gormod o ddyddie ar y ddaear. Ond wedd pawb wedi bita'n harti—tamed bach o lot o bethe.

Lices i ddim o'r best man, naddo fi—cender Pic yn gweitho mewn Banc sha Llandeilo. Wedd gormod o'r peth na sy'n whwthi deise lawr yn perthyn iddo at y nhast i. Jawch ariod, mi allech dyngu i fod e newydd brynu'r Banc ag wedi dyfaru clatsh. A felny fuodd dim rhyw bwer o siap ar y speeches—chi'n gweld, wedd e'r best man yn rhoi blast ar bopeth. Ond wedd y glasis bach yn paso'n grand—dim byd mas o le cofiwch, dim yn y byd, a phobun mor sobor â jyj. Wedd dim pwer o wahaniaeth shachni—gorffod i'r gweinidog fadel i ddala tren cyn cwpla'r treiffl, a ffer wind ar i ôl e. Ond wedd y llall (secon cysn Rach ni) yn eitha drwmpsyn a'i syched tra'n debyg i rywun arall. Sech chi'n gweld Shelana'n torri'r gacen—wedd na dair ar ben i gilydd—fel helmi. Ma'r ffoto yn y tŷ co, grêt w, grêt, er mai fi sy'n i weud e. Galwch i weld e nawr, pan boch chi'n paso. Ond mi lefodd Shelana a'i mam—do, llefen hiwbwb myrdyr. Ma menwod yn apt i dorri lawr mewn manne od.

Fuodd y gwrwod fowr o dro cyn cwpla, a thra wedd John bach Harris yn canu solo 'I'll be there', mi sleifo'n ni ddi mas i'r iard a nôl drw ddrws y diaconied i'r bar—i gal dod i nabod y'n gily'n well. Na beth rhyfedd neith cwmni. A gweud y gwir, fues i fowr o dro cyn newid y meddwl am rai o deulu Pic. So pethifed yn cytuno â fi chwel, ag wedi bod yn stitshach biti'r bar am hanner awr ag yfed lwc hwn a'r llall, we'n i'n hopsyn jogel, ac yn barod i ganu 'I'll be there', cystled bob tamed â John bach Harris.

Mi ath y par ifanc ar 'u mis mêl gwlei. Wyddwn i ar y ddaear pwy oedd yn mynd na phwy wedd yn dod, o ran hinny. Ond mi ddes i wbod whap fach fod y fenyw co heb fynd. Dyma hi'n gwresto drw'r bar fel tanc ac yn dechre termo, a we'n i ddim beit iddi, na beth yw gweud wrthoch chi. 'Dafi John,' mynte hi, â'i llais fel cylleth, 'sdim peth cwily arnoch chi—yn rhy feddw i hebrwng Shelana ni i'r stesion. Mi ro i whatffor i chi pan gyrhaeddwn ni adre. Mwstrwch, newch chi.'

A gweud y gwir, mi roiswn i rywbeth am gâl gorweddad—ond wedd meileidi wedi codi ar i thrad ôl, a threio cadw'i chap yn gywir fuse ore. Ond wedd naws ishe iddi stranco o flan pawb, wedd e nawr?

Wyn Jones

Hen Lwybrau, Gwasg Gomer, Llandysul, 1966

TEULU ESGERISHA
(Stori yn nhafodiaith godre Sir Aberteifi)

Mi fuse pen draw'r byd yn amgenach enw arno, am wn i—clorwth o dŷ, wn-i-feintodd o bellter o'r pentre. Rhyw hanner plas, wedi gweld 'i amser gore, y tai-ma's ar 'u llurw, a'r to'n rhidyll, a'r ceubrenni fel eis y meirw. Ffordd gart yn drafale i gyd yn arwen ato, a'r drain a'r drysi arni'n drwch. Cythrel o le i fynd ato, a slaben o ardd, os gardd hefyd, na fuasech chi'n synnu dim i weld teiger yn brathu ma's o'r fath anialwch.

Y teulu—licswn i roi peth o'u hanes nhw i chi. Ar yr olwg gynta, pobol tra'n debyg i rywun arall. Eben—dyn taliedd o flewyn ffein, yn tynnu mla'n yn jogel, ond un y gallech chi roi les ar 'i fywyd e. Ond dyn heb waith yn 'i gro'n e, a'r jogi biti fita fe.

Mari—Mari Eben i blant y pentre. Slashen o fenyw, wedi gneud diwrnod caled o waith drwy'i hoes a hynny wedi gweud arni nes wêdd hi'n ddou ddwbwl a phlet ymhell cyn pryd. Yn ôl pob hanes, hi wêdd cefen y gwaith yng nghegin y Plas pan wêdd y Sgweier yn 'i ffroc a'i frat.

Winston, y crwt hena, o'i wddwg fyny yn ddim ond lliged a blew. Yr un boerad â'r Emperor o Abysinia, os gweloch chi hwnnw, ond mab 'i dad, reit 'i wala.

Maria—stacan fach prin pum trodfedd, na 'wedech chi ddim 'i bod hi'n perthyn o gwbwl iddyn nhw. A'i gŵr, Rago, wedi dod i'r wlad 'ma adeg y rhyfel ar draul y Llywodraeth ac wedi lico'i le'n syndod.

Shelana, yr ail groten. Slingen dal fel hen fenyw 'i mam o asgwrn cryf, a dou ddant yn sticio ma's mwy na'r cyffredin, a'i dou ligad heb fod yn cytuno i edrych i un cyfeiriad. A'i gŵr hithe—ta shwt cafodd hi un—Sais wedi 'i fagu'n swci sha'r gweithe, a'r crwt bach—Ramsey—o barchus goffadwriaeth i un o arweinwyr y Blaid Lafur.

'Last but not lîst', ys wedo'r Sais—Victoria neu Vici—y blodyn perta o'r cwbwl—merch, whar, whar-yng-nghyfreth a modryb i'r rhai enwes i 'nawr fach, ond mor benstiff â miwlyn pan wê'r mwnci'n codi.

Er mai mashwn wêdd Eben, 'chlywech chi neb yn galw Eben Mashwn arno, fel y bydde nhw'n 'neud â chrefftwyr oilun bach o ail 'u lle. Y gwir amdani yw mai llwr 'i dîn y buodd e'n mashwna ariôd a fuodd e ddim yn ddigon hir wrth unrhyw jobyn i newid 'i gwrs.

A'r ddou fab-yng-nghyfreth—yn 'u hamser gore, ond dou fachan pert diginnig. 'Na chi'r Eitalian, Rago, wedi blodeuo fel dyn insiwrans a phobol yn cymryd ato'n syndod. Ond mi a'th y gwaith yn drech nag e mewn fawr o dro. Whara teg, sach'ny, 'sdim yn fwy dantin na gweld y cwrtensi'n cyffro a'r drwse'n pallu agor. A gŵr Shelana, wedi dod lawr i'r wlad ar 'i wylie ac wedi delffo ar y croeso. Dod lawr wedyn bob whipstitsh nes i Ramsey ymddangos yn seithmish—a dyna orfod dod lawr 'bag and baggage'. Wê rhai am weud y gnele fe Ysgrifennydd Undeb Llafur i ryfeddu—cystled pob mwfflyn â Dai Francis, ond wêdd 'na fowr o le yn y pentre 'co iddo berffeithio'i ddawn.

Teulu ar jawch, na'r ffact. Dim un o'r gwrwod yn gneud pen

gorchwylyn, ond y menwod o frethyn gwahanol. Maria'n trin gwallt yn 'Flair'; Vic gida'r llyfre yn y Cop; Shelana yn helpu ma's gida gwraig y doctor, a Mari Eben—'na chi beth rhyfedd—os rhyfedd hefyd, wêdd 'na ddim cwc yn y cyffinie alle ddala cannwyll iddi, a'r Leion a'r Bliw Bôr yn y dre yn wmla hyd at wâd amdani.

'Sdim tŵ-tŵs nad hi wêdd yn gwisgo'r trowser yn Esgerisha, a chan mai hi wêdd yn cario pen trwma'r gamren, wêdd perffaith hawl gida hi i gonstrowlo a pherffaith hawl i roi yffach o shigwdad iddo fe Eben, achos wêdd symteims ofnadw arno fe nawr ac lŵeth yn enwedig pan gese chi'r lleuad ar 'i gwendid.

Ma 'na rai pobol am 'u bowyd yn hwtro'u merched ar rywun, braidd cyn i farce'r cewyn fynd o'u penole, rhag ofon iddi nhw golli 'u cyfle cyn i'r teid redeg ma's. Ond dim o Mari, ddim ffier, 'chymre hi ddim o'r byd am weld y plancrynion yn mynd dros y nyth. A felny, 'cheson nhw fowr o gyfle i ffeito'u ffordd fel plant erill, ond mi geson beth gythrel gormod o raff.

Ond teulu hapus, weda i hynny o'u plaid. Mi ddewe'r menwod gartre 'da'r nos wedi blino'n lân ac yn fyr 'u blewyn. Ond fydde'r gwrwod fowr o wincs yn 'u cal nhw i anghofio'u gofidie i gyd. Rhwng whare darts a draffts mi fydde nhw wedi crafu amser i gymhennu tipyn ar y tŷ a rhoi sgubad o fla'n drws y ffrynt. A stwffio rhwbeth lawr i wddwg Ramsey ffrit-ffrat drw'r dydd, byth oddi ar iddo gymryd ffarecs yn 'i gáricot, nes iddo ddod mla'n yn bregeth.

Ond wêdd y roces gron Victoria'n wahanol, a chan na wêdd hi'n briod â neb o'r gwrwod, wê da hi fowr o gewc arnyn nhw, a alle hi braidd haru byw dan yr un to. A rhyw nosweth pan wêdd y teulu a'u trad dan ford yn ca'l llond pen i fita, mi wedodd yn blwmp 'i bod hi yn priodi.

'Wel Ai nefer,' mynte Rago, 'â phwy?'

'Â dyn, nid rhyw sbarbil joglyd fel ti. Mi fydde lle 'da pobol i flagardo a diarhebu 'tawn i'n towlu'n hunan ar ryw ragamwffyn fel ti.'

Trw lwc, mi ddowd i ben â chadw'r ddisgl yn wastad, a mor wired â 'mod i'n 'i weud e, mi ddoith sboner Victoria 'co i de dy Sul a mi setlwd y fatsh, clatsh. Er na fuse neb na dim yn mennu dim arni hi Vici. A chan na alle'r teulu freuddwydo am 'i gadel o'u golwg, wêdd dim amdani ond codi priffab yn yr ardd, yn ddigon agos i'r tŷ byw a heb fod yn rhy agos i'r tŷ-bach ar waelod yr ardd—'te ots—achos trwyddi-draw y buwyd yn 'i iwso fe ario'd.

A dyna lle buwd wrthi—y dynion yn rhoi twrn bach nawr ac lŵeth yn ystod y dydd pan fydden nhw'n teimlo ar 'u calon, yna 'all hands on deck' bob dy Sul fel y cloc—a sboner Victoria gida nhw, fel slâf, o'i gymharu â'r lleill, wêdd yn meddwl am 'u hen ddyddie ac yn cadw sbid bois yr hewl.

Mi allen ych cadw chi am orie i sôn am y sbloit gawd ddydd y briodas, ond stori arall yw honno.

Bore dy Llun, mi ath Vici a'i gŵr at 'u gwaith. Ond fuodd e fowr o dro cyn dachre cintachu. A chyn pen wish, 'chredwch chi byth, wêdd e mei-nabs yn ffaelu'n lân â gweld bod ishe fe fod yn wahanol i'r gwrwod erill. Ac i gapso'r cwbwl, mi a'th i achwyn pŵen yn sbein 'i gefen.

A phe busech chi'n digwydd paso Esgerisha un o'r dyddie nesa 'ma, mi welech bopeth yn union fel y buo nhw. Ma gŵr Vici dan ddoctor o hyd—'i gylla fe sy'n 'i boeni fe 'nawr. Ond ma fe'n codi 'i hunan, a chymhennu tipyn ar y pri-ffab, heb lwyr gyfarwyddo â bywyd hollol segur. Ond ma fe'n dysgu, a ma nhw'n gweud 'i fod e'n gamster ar y draffts ag yn towlu darten bert ofnadw.

Wyn Jones

Storom Nos Sadwrn a Storïau Eraill, Tŷ John Penry, Abertawe, 1979.

DIALEDD
(Stori yn nhafodiaith canol Sir Gaerfyrddin)

Cydweithredodd Sami Maengwyn a Benni Pantdŵr i osod mwgwd dros lygaid cath yr Ysgolfeistr, ynghyda benthyca afalau o'r berllan gerllaw; a derbyniasant gosb gyfartal gan y Meistr cyfiawn.

Teimlodd Sami fod annhegwch dybryd yng ngweinyddiad deddfau'r ysgol, canys gwybu ei fod yn aer golud lawer, tra nad oedd Benni lwydrudd ond mab i fwthyn tlawd. Penderfynodd unioni'r cam pan gaffai gyfle. Treuliai Benni bob Sadwrn fynychaf gyda Sami ym Maengwyn. Darniai gorchestion y dydd ei ddillad, a deuai'r ddau atynt eu hunain yn llythrennol cyn yr hwyr. Mynych hefyd yn y cyfnod diofal hwnnw y caent bangfeydd i wrthgilio o'r ysgol. Safai Maengwyn ar fryn uchel, a thalcen gwyngalch y beudy yn ymwthio i ben llethr serth. Gorweddai casgen ddu fawr yn ymyl y mur, a chlawr gwydn arni o fân dyllau. Bu llawer cenhedlaeth o ieir yn deori ar gywion ynddi, a phrofodd ei hun yn noddfa ddiddos rhag llygod Ffrengig.

Un Sadwrn tystiai Sami ei fod wedi darganfod ffaith ryfedd ynglŷn â'r gasgen, sef, na ellid o'r tu allan glywed llais nebun ynddi. I wneuthur arbraw pendant, elai iddi ei hun, gan osod ei gyfaill amheus i wylio a gwrando wrth ei genau. Chwaraeai ei fochau a'i wefusau mor gyflym a chrych nant, a deuai allan yn lluddedig, gan daeru iddo weiddi'n groch un o wersi'r ysgol:

'Hearth is aelwyd, fire is tân,
Cloth is brethyn, wool is gwlân,
Ash is onnen, oak is derwen,
Holly-tree is pren celynen,
House is tŷ, and mill is melin,
Fiddle is crwth, and harp is telyn,
River is afon, brook is nant,
Twenty is ugain, hundred is cant.'

'Nawr treia di, Benni, dy laish. Cer miwn, a gweidda nerth dy geg:

'Twmi bach Caerfyrddin
A lyncodd gant o erfin.'

Ar ei archiad, aeth yr amheuwr diniwed i mewn i gyniweirfa'r ieir, a chyn iddo nythu'n gymfforddus, a chrochlefain, neidiodd Sami gyfrwys i gau'r clawr, gan osod y bollt trwy y stapal. Gafaelodd wedyn yn chwim mewn trosol hir darparedig, a orweddai'n lletraws gerllaw. Gosododd ei flaen dan y gasgen, a chyda'r codiad cyntaf wele hi'n chwyrnellu dros y llethr, gan gorddi Benni druan o'i synhwyrau. Drwy wyrth o drugareddau, torrodd yn deilchion cyn llamu ohoni dros y clawdd i'r cwm dwfn. Gadawyd y carcharor mewn arteithiau annirnad ar wely ysgallog godre'r byd, a phluf, llwch a manwellt yn glynu yn ei chwŷs a'i waed, ynghyda thri o gylchau haearn rhydlyd am ei gorff di-lun.

Carlamodd y bradwr lloerig i'w gynorthwyo. Brawychodd yn enbyd pan deimlodd ei esgeiriau fel *india rubber*. Cododd ef ar ei gefn fel marw, a phryfetodd ei ffordd ag ef yn llechwraidd i'r ysgubor. Dadebrodd ychydig ymhen dwyawr; llefarodd Sami yn edifeiriol eiriau diddanus wrtho: 'Mi ges i weld modrwye Sadwrn heddi heb help telescop, a mi gest tithe weld fod y byd yn troi, ac nid yn sefyll fel ma' Deio'r gof yn gweud.'

Ymhen blynyddoedd, pan sibrydai rhywun wrth Benni fod y byd yn troi, meddiennid ef yn ebrwydd gan selni truenus, a byddai'n ddiymadferth am ysbaid.

Gwyliodd Benni'n hir am gyfleustra i ddial yn weddol anrhydeddus ar ei ffrind afrasol a chragwrus. Gorfu iddo droi allan i hela ei enllyn prin cyn taro o'r awr hyfryd. Rywbryd pan oedd pellen ei amynedd bron a dirwyn i'r pen, daeth cyfle sydyn yn anuniongyrchol ddiwrnod cyn Ffair Newydd. Ymgasglodd amryw o ffermwyr cadwrus y fro gyda'r cyfnos i Faengwyn i ddadlau rhagolygon prynu a gwerthu drannoeth. Daeth Benni megis un annhymig yn eu plith. Fe afaelodd twymyn y Ffair yn drwm ynddo, ond nid oedd lygedyn o obaith myned, gan ei fod yn ddigeiniog. Deallodd y ffermwyr ei ddolur dryslyd.

Dywedodd Ifan Lloyd, gŵr y tŷ, wrtho'n hyderus: 'Os byddi di ar Bontsarn am wyth o'r gloch bore 'fory, ti gei chwecheiniog las gan bob un ohonom, ar yr amod dy fod di'n dringad i ben pob post telegraff o ben Rhewlddu hyd dro Pencoed'.

'Hwre! Napoleon mâs o St. Helena!' ebe'r llanc wiweraidd, gan boeri ar ei ddwylo main, a botymu ei gôt lom.

'Gan bwyll nawr,' ebe Dafi Jones, Waunfelen. 'Shwd fyddwn ni'n gwbod 'i fod wedi dringad y postion? Gall gafflo'n net.'

Atebodd Ifan Lloyd: 'Sdim eishe becso: fe setlwn y telere nawr. Rhaid i ti, 'ngwas i, glymu rheffyn ar ben pob post yn arwydd.'

Ni bu hyfrytach fore Ffair Newydd yng nghof neb. Denodd angerdd haf ardal gyfan i fyd bargen a miri, a sylwodd y fforddolion cynnar ar fanerau amryliw yn chwifio ar ben y pyst uchel. Credodd yr ofergoelus fod y Frenhines yn dyfod i'r Ffair, ac i'r Tylwyth Têg ddarpar croeso gwlatgar iddi.

Cafodd Benni ei wobrau'n ewyllysgar gan y ffermwyr syn.

Ifan Lloyd a'i wraig a Sami oedd yr olaf ymron yng ngorymdaith y bore cofiadwy. Llusgai'r hen gaseg winau y cerbyd yn fwy deallus nag arfer. Oedasant yn hir, am fod ffwdan a helbul poenus ym Maengwyn er toriad dydd. Darganfu Mrs. Maria Lloyd fod lleidr beiddgar yn ystod y nos wedi ysbeilio'r dillad a olchwyd y diwrnod cynt oddi ar berth yr ardd. Brawychasant yn fwy pan welsant lawes crys gwyn ar ben y post cyntaf, darn o ŵn nos pinc ar y llall, ffedog fraith rwygedig ar y nesaf, a physt hanner milltir wedi cael eu pilyn yn ofalus a thaclus. Daliodd dyn y lleuad ei lusern i'r dringwr carpiog.

Gwybu'r tri yn reddfol erbyn hyn pwy oedd y troseddwr haerllug, dialgar, a chynhyrfodd y fam a'i mab, gan falu ewyn yn orffwyll pan welsant arwr y gasgen goll yn eistedd yn hamddenol ar fur llwyd y bont, gan ddisgwyl ei wobr addawedig, a gwrando litani hiraeth yr afon. Gwaeddasant yn gras, 'I'r afon, i'r afon ag e! Boddwn e!' Ond eiriolaeth hynaws Ifan Lloyd a orfu. Synasant iddo gael deuswllt mor siriol yn lle'r angau a haeddasai.

Yr esboniad yw bod y wraig wedi llefaru geiriau danodol a bygythiol wrth ei gŵr y bore hwnnw, ac wedi ennill y dydd drwy ei atal i werthu pedair treisiad. Anwesai'n arwynebol wynfyd cudd am funud wrth weled ei dillad parchus hi yn addurno'r pyst.

Diflas fu'r Ffair iddynt. Dychwelasant yn gynnar; a phan gyfeiriodd hi'n swta a phwdlyd bryd swper at anghydfod y bore, atebodd Ifan yn ddidaro: 'Twt, los fach; 'doedd y digwyddiad yn ddim ond hen getyn cweryl heb ei setlo gennym er pan gwrddasom at Bont-yr-Ochain yn Arabia fil o flynydde i heddi. A phan gwrddwn ni nesa', wedi gadel Maengwyn ymhen mil o flynydde yn China, fe fydd dwgyd y dillad yn ennill mowr; bydd Benni yn Ymerawdwr pryd 'ny, a ninne'n byw ar ei ffafar.'

Dofwyd cynddaredd y wraig yn union ar hyn. Amddifad hollol ydoedd hi o'r ddeubeth hanfodol i'w gwneud yn wraig ddeniadol—cyfrinach ynglŷn â'i bywyd, ac yswildod.

Gŵr goleubwyll, ymarhous, difalch a defosiynol oedd Ifan Lloyd, heb erioed chwennych mantell proffwyd cyn gwisgo'i sandalau. Nid oes hanes ar glawr iddo golli mymryn o'i hunan-feddiant erioed, hyd yn oed y bore sarrug hwnnw ym mis Hydref 1892, pan dderbyniodd gydag eraill y newydd echrydus a barlysodd graidd bywyd crefyddol Prydain Fawr, pan chwilfriwiodd *Liberator* Jabez Spencer Balfour, a chwythu y cysgod melyn ar gyfer diwrnod du i ddifancoll, a chwalu'r breuddwydion pêr am brynu erwau'r wlad. Ymlusgodd John Dafis, Blaencwm, ato'n syrfdan ac archolledig y prynhawn i dderbyn cydymdeimlad drwy ei roddi'n ddiwair.

Gofynnodd i'w gyfaill yn ei ddagrau: 'Ifan annwl, shwd dalioch chi'r ergyd? Beth nethoch chi?'

Atebodd Ifan Lloyd yn hamddenol, gyda goslef dyner: 'Mi 'weda wrtho chi'n gwmws, John. Wedi pencawna 'chydig, mi es yn bwyllog i'r sgubor a chasgles faich o sache, a mi etho i â nhw yn ddishtaw i'r llofft uwchben y parlwr. Yna mi gloies y drws, a gosodes sach dros dwll y clo, ac un arall dan y drws yn ffast; tynnes y bleins dros y ffenest, a hwpes y sache eraill yn dyn i'r shwme. Wedyn sefes yn syth ar y mat crôn dwrgi ar genol llawr, a phlethes 'y nwylo. Wedyn rhois reg ddychrynllyd o anniben; ac wedi i fi gâl pitsh reit i'm llaish, mi reges miwn tiwn ugeinie o weithe. Mi wranta i na ath regi gonestach i'r nefoedd eriod. Duw faddeuo imi! Dibennes bowns pan weles y gwely'n dechre hopo, a'i ddillad yn fflamo. Yna cymres hoe fach ddiddig ar y stôl, a theimles yn hyfryd—rhw deimlad nefoledd fel cwrdd gweddi ne wilnos. Wedyn mi gasgles y sache at 'i gili, a chymenes dipyn ar fy ôl. Yna, ar y ffordd nôl i'r sgubor, mi deimles whant bwyd yn ombeidus, clywes dderyn yn canu yn yr ydlan, a gweles y byd yn bert iawn. Dyna 'mhrofiad i.'

Aeth John Dafis ac yntau gyda thangnefedd tawel i'r cwrdd gweddi y noson honno i ddiolch am fendithion afrifed y dydd, adfer y gyfrinach felys, a dysgu plygu i'r anochel. Cawsant ddatguddiad newydd pan ddarllenodd Benni'n bereiddlais y geiriau: 'Nac ymddielwch, rai annwyl, ond rhoddwch le i ddigofaint: canys y mae yn ysgrifenedig, I mi y mae dial, myfi a dalaf, medd yr Arglwydd.'

Syniad digon mawr i'w garcharu oedd argyhoeddiad Benni mwy.

O Ganol Shir Gâr, D. Tegfan Davies, Gwasg Gomer, Llandysul, 1940.

DIAL IFAN BŴEN
(Stori yn nhafodiaith de Sir Aberteifi)

Ar e brist en gwmws godderbin â'n clôs ni gatre en Shir Abarteifi we hen barc mowr en mind dan er enw Parcerangel. Mi prinwd e da rhiw ddin o Shir Bembro, a wedi bildo tai bach shonc o gŵed a shinc ar i gornel e, mi ddoith co i hinan i fiw. Na ddin rhifedd we Ifan Bŵen! Wedd e'n dal ond bo fe'n crwmi tipin bach, a we rhiw olwg willt a garw reit arno-fe. We'i drwin e itrach en gam a'i wefis isha fe itrach en bwrw mas, a'i wmed e'n rwgne i gid a'i wallt e fel e gwlân. Allen feddwl iddo fod e'n ddin goligis inwaith, ond fod tonne a stormidd er hen fid ma wedi ciro arno a'i adel e fel amell i hen graig weles i ar e Trath-llwid—en gilwgis a ffrom ag inig. Din gwedwst ombeidis wedd e. Os sharade fe o gwbwl, dim ond sharad i fangneitha a thichan neithe fe stil.

We twisged o ithin en tiddi ar ochor isha'r Parc, ond we Ifan en troi'r ithin a'r cwbwl en arian. Wedd e no a'i griman en i canol nw dist bob di. We rhai'n gweid bo meddilie arno, waith mi sefe weithe am amseroedd enghanol er ithin a'i freiche mhleth a'r criman en hongian en segir. We'r crwtied co gatre wedi cal e nâd o weid bo fe'n gneid ny stil o flân glaw.

Cheise'm in feniw ddod dros drothin i di fe, os galle fe'i hadel i. We nw'n gweid bo fe wedi treio corddi a chwiro menin inwaith i hinan, a'i fod e wedi mind en ofer dage, ag iddo wedin orffod gofin i Mari Cwarre-icha i find no i neid hinni bob rhiw bethownos ma. We Mari'n gweid ma o ran trieni wir wedd i'n mind, a'i bod i'n falch stil gal dod o co achos bo rhen Ifan mor rhifedd. Sefe fe'm en ti tro bise wrth e menin, mond rhiw whilibawan biti'r ffenest a rhiw giwco ma, gal bod en siŵr i bod hi wrth i gwaith. Ginhigodd hi fwi nag inwaith, mynte hi, i gimhenni tipin o'r ti iddo, ond chas i ariôd. 'Na,' medde Ifan, 'tenci i chi, ond mi siawnsith e ti ma'n brion heb ofol in feniw.'

Er na wedo Ifan 'ni ariôd, we pawb en sbecto taw rhiw feniw a'i gili we wedi gneid e rhichie mowron 'ni ar i wmed e, wedi heiarneiddo trem i liged e, a wedi teini gwinder e gwlân ar i ben e. Ma rhai'n gweid taw meniw si wrth wraidd pob wherwedd a phob melistra, pob lwc a phob andlwc em mowid din, a'r rhai tawel ma, distrïo! fel Ifan Bŵen, si'n teimlo mwia o whithdod pan cân nw siom.

We Mistir Dafis e Gweinidog wedi treio droion i gal da Ifan ddod i'r cwrdd, ond naws gwell; a rhiw nosweth mi ath i Barcerangel, a miwn ag e'n streit i'r ti cin i Ifan gal amser i ddior e.

'Na,' mynte Ifan, wedi i Dafis fegian arno droi o gifeiliorni i ffirdd, 'ma'r Bod Mowr a'i bwmp arna i os blinidde; odi, mai e wedi drillio'r ddeilen isgidwedig, wedi imlid e soflin sich,' mynte fe'n sobor reit. 'Pob in i aped drosto'i hinan iw i fod. Ma mowid i, Mr. Dafis, wedi cal i sarni i gid, siom a chistidd a chwmwl ar sinwir, a'r cwbwl o achos doi berson; ond 'lych co chi! ma nialedd i'n drwmach na'm hichened. Fe ddaw nhro inne. Biw i ddial wi neid. Mr. Dafis. Ie, *dial*! Ma'n wir bo fi'n hen ŵr, odw'n gripil a babanedd cin bod en hanner cant; ond wi'n gweid wrthoch chi, hen ne beido, mi finna DDIAL,' mynte fe, gan ffisto'r hen ford sto i'n cratsian.

Ado Dafis loni iddo ar ôl e tro 'ni, ond wedd e'n gweddïo drosto bob Di Sil dist wrth i enw. 'Llewircha i'r rhai si'n e tewillwch. Istin di law drw'r niwl i gadw d'afel en di blant,' medde fe stil, a mi glwech er in ffras en e gweddïe Nos Lin.

Ath blinidde heibo wedi hinni, a Ifan en mind emlân dist er in peth da'i nifeiled a'i ithin, a Mari Cwarre-icha no'n corddi bob pethownos fel arfe. Ond rhiw ddiwarnod, mi ffeilo Mari find co. Rhiw oilin bach we'i hiechid i wedi bod trw'r geia 'ni, a we dim i neid wedin ond hala Gwenrudd e forwm—croten o'r Hôms—i Barcerangel i gorddi. We rhen ddin en grac reit pan ath e losgrón co; ond wedi stando, a chofio, gwléi, am e menin ath en ofer dage o'r blân, mi adodd iddi ddod i'r ti a bwrw at e corddi. Wrth gwrs, sefe fe'm en ti pan wedd i wrtho, a ise arno weld 'fid shwt we pethe'n mind emlân, a whilibawan a chiwco wedd e'n neid fel arfe. Pan hapio Gwenrudd silwi wedd e'n sefill fel delw o flân e ffenest, ac en drichid arni a'i liged en willt reit a'r wmed rhichiog en gweitho bob tamed; a o'r diwedd miwn ag e i'r gegin ati.

'Gwed wrthw i, lodes, pwi wit ti?' mynte fe. Mi ddrichodd e losgrón arno â'i lliged mowron, a mi gochodd dros i hwmed i gid, wath we dim finne i bo pobol en holi gomrod o'i hanes iddi, a mi wedodd en ddistaw:

'O'r Hôms does i i Cwarre-icha, Ifan Bŵen.'

'Pwy rows er enw Gwenrudd i ti?'

'Cwmreiges we mam.'

'Cwmreiges! A di dad? Gwed en gloi i enw fe wrthw i.'

'Weles i mo nhad ariôd,' medde'r groten, a'i lliged en llawn dŵr, 'a wn i fowr amdano. Enw mam yw'n enw i. Neli Morgan we enw mam. Mi farwodd pan own i'n whech oed.'

Ath Ifan en gwmws felse colled arno. Fan 'ni wedd e en iste en ochor e ford fach a'i ddwi law en pwyso ar i ffon, a'i ben en pwyso ar rheini, ag en browlan gimin bith heb dinni i liged o ar Gwenrudd:

'Ie wir, breiche Nel în nhw, a'i phen pert i. O'r Nefoedd drigarog! Nel! Nel! Ddilse ti'm bod en di fedd nawr. A tima nial i! Siwt meddilies i gallwn i ddial ar Nel?'

Mas biodd e wedin en parado nes i Gwenrudd benni i gwaith a mind adre.

Riw fore, cin amser corddi wedin, we Jâms e Go'n digwidd paso Parcerangel, a mi silwodd ar e da wrth fwlch e Parc en breifad ise'i godro, a dim siw na miw am Ifan en inman. Mi weiddodd en drws, ond chas e'm aped; a wedi cwrdd â rhiwin arall mi wrestwd e drws a mi awd miwn i'r ti. We Ifan drian wedi cwmpo'n glotsin ar er eilwd. Alle fe'm gweid gaer na simid eilod—we'r hen balsi wedi ddala fe. Fan 'ni wedd e, mor ddiamddiffin â phlentin, wedi'r holl benwine'n erbin minwod, nawr en falch gal i dwilo tiner nhwi i roi imgeledd iddo.

Drawodd Gwenrudd miwn whap. Gida bo Ifan en i gweld i, tima fe'n gwillti bob tamed, ag en treio gweid inwaith a thrachefen, er i floesgni:

'Nel! Nel! Tima ti wedi dod 'nôl ata i.'

A pan dachreie Gwenrudd simid i find gatre, wedd e'n llefen fel bapa. E diwedd fio i'r losgrón gal mind ato i dendo fe, a na newid nath

Ifan! En lle bod en fibis fel arfe, wedd e'n gontentis reit ar i weli, a we rhiw ole newi'n perlo'n i liged e wrth ddrichid ar Gwenrudd en simid obiti'r ti.

Bob en dipin fe gawd peth sboniad da Ifan ar bethe—fel we Nel Morgan a inte i fod briodi, a pan wedd e'n disgwl Nel en er eglws en i ddillad gore, iddo glwed i bod i wedi rhedeg bant da hen swel o Sais we'n aros en ti'r ffeirad—am gistidd i gorff a'i feddwl e wedin, a am wherwedd i esbrid e a'i fwriad i ddial.

'Ond 'lych co chi,' mynte fe, 'allwn i'm meddwl am ddial wedi gweld lliged Nel en drichid arna i drw liged hon. Ie, ie, sownd, clo wir ma di fam halodd di ma, lodes, i'n hôl i gatre—i'n hôl i gatre ati hi—wath fi biodd galon Nel wedi'r cwbwl.'

Wedi lingran am hanner blwiddin mi ath Ifan gartre'n dangnefeddis. Ar ôl stormidd croilon e cefnfor, we'r awel en fwyn iawn, a'r lliwbir en eitha clir, a'r gole'n ddigon preit i dderbin i long fregis e miwn i'r harbwr.

We pimcant o arian ar i ôl e heblaw stoc e lle bach. We'r geire hin en e willis wedi i sgrifenni â'i law grinedig e'i hinan:

'Arian grinhowd er mwyn dial; ond 'Myfi Bia Dial,' medde'r Bod Mowr. I Gwenrudd ma'r cwbwl er mwyn Nel.'

Moelona.

DARLITH Y MELINYDD
(Stori yn nhafodiaith Banc Siôn Cwilt)

Yr oedd Abram y Felin yn dad i ryw ddeg o blant; ac araf iawn yr oedd y rhod yn troi. Yr oedd ei felin ei hun gan bron bob ffarmwr yn y fro. Heblaw bod yr amser yn wan, collasai Abram fuwch; ac nid trychineb bychan oedd gorfod blingo hanner ei dda. Yr oedd y fuwch yn bwysicach na'r felin yng nghynhaliaeth y teulu.

Edrychai Pegi'r Felin yn benisel, ac yr oedd ôl 'llefen' ar ei bochau llwydion. Meddyliai'r plant mai hiraeth ar ôl y fuwch oedd ar eu mam. Nid oedd ganddynt ond rhan o'r gwirionedd.

Ni fedrai Abram air ar lyfr, ond nid oedd neb yn ail iddo am adrodd stori; yr oedd ei ddychymyg yn fyw, ei dafod yn llithrig a'i Gymraeg yn rymus a miniog. Digon 'du'r ddafad' yn aml fyddai'r stori, ond byddai bob amser yn peri syndod neu chwerthin, ac fel rheol byddai Abram ei hun wedi dyfod allan ohoni fel arwr. Rhai a'i cyfrifai fel y gŵr mwyaf gwreiddiol yn y cwm; eraill a fynnai ei fod y 'celwyddgi' mwyaf yn y dyffryn; a mynnai'r gweddill, ac yn eu mysg rai o ddiaconiaid Bryn-y-groes, fod gŵr y Felin ar y goriwaered anobeithiol i ddistryw. Dynion difrif a dirwestol oedd diaconiaid Bryn-y-groes; ac nid oedd Abram yn ddirwestwr—pell o hynny. Ac ar brydiau yr oedd yn bechadurus o gellweirus.

Ar ben ffair, pan fai'r hwyl yn dechrau codi, neu mewn ocsiwn pan fai 'pethau'n dechrau poethi,' yr oedd Abram ar ei uchelfannau, a'i arabedd yn ddi-dor, a'u huodledd fel y môr, a chwarddai pawb am ben ei ystorïau, oddieithr rhai o ddiaconiaid Bryn-y-groes. Yr oedd Abram newydd fod yn 'gofyn am ei le'n ôl.'

Erbyn cyrraedd y trydydd glasiaid, nid oedd fawr wyrth na chyflawnasai Abram, na nemor ryfeddod na welsai, un adeg neu'i gilydd o'i fywyd rhamantus. Yr oedd wedi gweld toilïod, wedi lladd ysgyfarnog â *revolver,* wedi saethu at ladron oedd â'u blys ar ysbeilio llefrith a 'llafur' liw nos, wedi ennill gwobrwyon cystadleuol am adrodd, a chanu, a barddoni. Onid ef oedd awdur y cwpled anfarwol i afon Cerdin?—

'Mae Cerdin yn tarddu yng nghrombil 'r Allt-ddu,
Mae'n mynd fel y cythrel heibio'n tŷ ni.'

Yr oedd wedi curo 'gwaddotwyr' profedig Ceredigion am ddal 'gwahaddod,' ac wedi deffro cynddaredd eiddigeddus holl 'waddotwyr' y fro; yr oedd wedi denu llygod ffrengig y gymdogaeth ar ei ôl drwy rinwedd rhyw gyffur cyfrin o siop y drygist; wedi gwella cleifion o glefydau anwelladwy drwy ffisigwriaeth a ddysgasai gan 'shipsiwns'; wedi 'brochgáu' (marchogaeth) ceffylau yn sefyll ar eu cefnau yn nhraed ei sanau, ac wedi ennill arian diddiwedd am y gwrhydri; ac yr oedd wedi pregethu ar *bier* y Ceinewydd nes tynnu torfeydd y dref o'i gylch a'u syfrdanu gan rym ei huodledd. Yr oedd y Parch. Esger Parri yn eu mysg (yn ôl tystiolaeth Abram), ac yn 'llefen fel plentyn'. Ac yr oedd rhai o ddiaconiaid mwyaf parchus Bryn-y-groes yn gwelwlasu am ei ryfyg.

Ond er y rhyfeddodau a gyflawnasai, ni fedrai droi rhod y Felin yn gyflymach, nac atgyfodi'r fuwch i fywyd; ac ni allai borthi deg o blant, heb sôn am Pegi'r wraig, ar wyrthiau a gwynt.

Aeth dydd y 'cwrw bach' heibio ers blynyddoedd; ac nid gwiw meddwl am wneuthur ceiniog o arian drwy wahodd y gymdogaeth ynghyd i dreulio noswaith lawen drwy gymryd 'llymaid 'nawr ac yn y man o'r cwrw melyn bach,' a hynny ar draul rhyw chwecheiniog neu swllt y pen.

Buasai'r 'cwrw bach' yn taro Abram i'r dim; ac oni bai am un o ddiaconiaid Bryn-y-groes oedd yn byw heb fod yn nepell o'r Felin, nid yw'n sicr nad aethai Abram ar hyd y wlad i wahodd pobl i'w dŷ i dreulio noswaith lawen, a thrwy hynny helpu cymydog mewn caledi. Mae blingo buwch yn deffro calon gwlad.

Awgrymodd rhywun ddarlith. 'Ond,' meddai Abram, gan droi'r joien o dybaco main o un 'silfoch' i'r llall; 'beth gwell i ni o dreio câl darlithwrs? Mae'r Satanied mor ddrid; 'dros dim posib câl neb dan ryw bym gini.' ''Chawn ni ddim rhiwin i roi tipin o ddarlith ym Mryn-y-groes am ddim?' gofynnai Wiliam Troed-y-rhiw. Ond cytunai pawb mai darlith wael fyddai'r ddarlith a geid am ddim. 'Bachgen, 'achan, darlithia di hunan,' meddai Deio Glynmwyar, 'rho dipin o hanes dy fowyd, a chwpwl o storiâu amdanat d'hunan, ag mi gai ysgoldy Pentre-croes yn llawn hid y twrret. Hal y plant i werthi *tickets,* ag mi ddaw'r wlad i dy glwed di o Fôr i Deifi.'

Disgynnodd yr awgrym fel fflach ar ymennydd Abram. Treuliodd noson ddi-gwsg; ond yr oedd wedi tynnu cynllun ei ddarlith erbyn y bore. Gwelodd fuwch newydd, goch a gwyn, yn pori ar feysydd ei ddyfodol, a'i llaeth a'i hepil yn ychwanegu nerth a chyfoeth i'w deulu.

Cyn pen yr wythnos, yr oedd Gwasg Glan Teifi wedi troi allan docynnau, swllt y blaenseddau, a chwecheiniog yr ôl-seddau, yn hysbysu y traddodid Darlith yn Ysgoldy'r Bwrdd, Pentre-croes, nos Fawrth, Mai 20, 189-, gan Abram Jones, Cerdin Mill, ar y Testun, 'Dyletswydd Dyn at Nefoedd a Daear'; mynediad i mewn, etc.

Difyrrwch a fynnai'r bobl; ond yn nifrifwch ei gymeriad newydd fel darlithiwr, penderfynodd Abram mai eu dyrchafu oedd eisiau. Felly, yn lle rhoddi hanes digrif ei fywyd, gwnaeth ei feddwl i roddi darlith i'r wlad a fuasai'n lefeinio bywydau'r bobl, ac yn ysbrydoli holl ddyddiau eu heinioes. Nid oedd Abram yn credu mewn cymryd sylltau a chwecheiniogau pobl am wagedd. Yr oedd peint o gwrw'n burion tâl am ffolineb.

Am rai wythnosau, bu plant y Felin yn britho'r bryniau o fore i hwyr, yn myned o ddrws i ddrws, o'r bwythyn i'r amaethdy, ac o'r gweithdy i'r siop, i werthu tocynnau'r ddarlith. Cyn pen ychydig amser, atgyfodwyd y fuwch, a chryn ychwanegiad ati. Edrychai pethau'n obeithiol, ac yr oedd ffermwyr y fro, a'r gwasanaethyddion a'r morynion, a phlant yr ardal, a'r ciwrad a'r siopwr a'r gwehydd a'r tafarnwr—a phawb oddieithr rhyw ddau o ddiaconiaid mwyaf difrif Bryn-y-groes—yn edrych ymlaen at nos y ddarlith. Yr oedd huoledd Abram yn hen gynefin i'r gymdogaeth; ond byddai'n beth newydd ei glywed yn darlithio, a hynny ar destun mor adeiladol â 'Dyletswydd Dyn tuag at Nefoedd a Daear.' 'Nid drwg Abram, wir,' meddai Wiliam Troed-y-rhiw, 'nid ffŵl i gid yw e; gewch chi weld cewn ni rwbeth i gnoi'n cil arno gidag e.'

Yn y cyfamser, myfyriai Abram ar ei ddarlith. Gan na fedrai ei gosod i lawr mewn du a gwyn, rhaid oedd ei hargraffu'n glir ar femrwn y cof. Rhaid ei hastudio gyda'r manylrwydd mwyaf. Ni fu erioed y fath chwalu meddyliau ar lannau Cerdin. Gyda thoriad y wawr, gallesid gweled a chlywed Abram yn astudio'i bwnc ar y cnwc y tu ôl i'r tŷ, gan yrru ofn i galon y cwningod a borai yn y cae gerllaw; ac ym mrig yr hwyr yr oedd ei fyfyrion yn tarfu'r brithyllod oedd ar fin myned i hepian o dan geulannau afon Cerdin.

Erbyn hyn, yr oedd ei wallt wedi tyfu fodfeddi lawer yn hwy nag y buasai erioed o'r blaen, a'i farf wedi ymestyn i hyd barf un o hen bregethwyr Cymru. Yr oedd ei war wedi crymu, ei wyneb wedi gwelwi, a'i gorff wedi colli o leiaf ddeugain pwys wrth dafol y felin. Amlwg oedd i bawb fod darlith Abram i fod yn anfarwol. Ac nid heb aberth mawr yr enillir anfarwoldeb, a thalu am fuwch yn y fargen.

Wrth ddyfod o'r cwrdd ar y Sul, mewn ffair, ac yn y farchnad, sôn am ddarlith Abram oedd rhwng pob dau. Yn wir, pe cyn amled arian â geiriau, buasai Abram yn fuan iawn yn filiynwr. Ond anodd gwahanu

Cardi a'i swllt. Dyna'r rheswm na lanwyd meysydd Abram â gwartheg cyn nos y ddarlith.

Ond yr hwyr hir-ddisgwyliedig a ddaeth, a theyrnasai distawrwydd Sabothol dros ddyffryn Cerdin. Gadawodd y ceibiwr ei gaib, y llyfnwr ei oged, y rhofiwr ei raw, a'r palwr ei bâl. Golchodd pawb eu hwynebau ganol yr wythnos; newidiodd y gŵr ei grafet, a'r wraig ei ffedog; a gwisgodd y bobl ifeinc eu 'dillad negesa'; yn wir, gwisgodd rhai eu dillad dydd Sul. Nid bob dydd y ceid darlith gan y fath ddarlithiwr ar y fath destun. Yn wir, nid yn aml y ceid darlith o gwbl yn nyffryn Cerdin. Ac yr oedd Abram wedi colli buwch.

Yr oedd yr heol a arweiniai i'r ysgoldy yn frith gan wŷr a gwragedd a phlant. Yn hir cyn yr awr benodedig i ddechrau, yr oedd yr adeilad yn orlawn, a chyda chryn anhawster y medrodd y darlithydd ei hun ymwasgu drwy'r dorf. Gosodwyd cadair iddo i eistedd gerllaw desg yr athro. Cymerodd ei sedd yn drwsgl, a phlygodd ei ben yn wylaidd, gan daflu llygaid dafad ar y llawr ac ar y nenfwd. Yr oedd crafet wen o wlân am ei wddf yn ychwanegu at ei olwg ddafadaidd. Ond mae nerth diderfyn yn aml yn gorwedd o dan wylder. 'Gadewch i Abram sefyll ar i drad,' sibrydai Wiliam Troed-y-rhiw, 'ag mi fentra i bidd e'n ddigon bowld.' Troes Abram ei ben tua'r wal, i edrych am le i boeri sudd y tybaco main; yna chwythodd ei drwyn a charthodd ei wddf. Cafodd gryn drafferth i osod ei gadach yn ôl yn ei boced. Ni allai benderfynu yn iawn p'un ai yn llogell ei got, ai ei wasgod, ai ei lodrau, y dodai ei 'facyn poced'.

Drwy'r holl ysgoldy, teyrnasai tawelwch perffaith; ac yr oedd pob llygaid, o eiddo gŵr Penlan Hen hyd at olygon morwyn fach Gyfeilon, yn syllu'n syn ar y darlithydd. Poerodd Abram eto, edrychodd ar ei wats, a charthodd ei wddf.

Cynigiwyd fod David Evans, Glynmwyar, i gymryd y gadair; ac wedi araith fer a phwrpasol, cyflwynodd hwnnw'r darlithydd, yn hollol ddianghenraid, fel y cyfaddefai, i'r gynulleidfa; a sylwodd ar y diwedd, gyda mwy o wirionedd nag o chwaeth, wrth gyfeirio at Abram Jones, 'i bod yn dda câl perl o enau llyffant.'

Tynnodd Abram ei 'facyn poced' allan eto, o logell ei lodrau y tro hwn, a chwythodd ei drwyn yn wylaidd, a charthodd ei wddf yn ddefosiynol. Yna galwyd arno i roddi ei ddarlith. Cododd Abram ar ei draed dipyn yn grynedig, ac aeth at y ddesg, gan dynnu pwys o ganhwyllau allan o boced ei frest, a'i osod o'i flaen. Yr oedd Abram wedi gwneuthur trefniant ar gyfer tywyllwch. Gwyddai mai 'siŵr sy siwra', a'i bod yn bosibl yr anghofid am drefniant y goleuo ym merw'r sôn am y ddarlith. Yna dechreuodd yn gryglyd ei lais:

'Annwil Frodir a Whariorydd. Cin dachre 'narlith, se'n dda gin i tachi'n cani gaer bach tebig i hin. Falle gneith David Evans, Glynmwyar, bitsho'r diwn—

    'Dima ddarlith yn câl i dachre,
      Ddaw hi byth i'n cwrddid mwy
    Nes bod raid in roddi cifri
      Wedi croesi ffin y plwy.
    O am ole i ddarlithio,
      A distawrwydd i'n boddhai,
    Nes bo pawb drwy'r gynlleidfa'n grondo,
      Nid dim ond rhiw un ne ddoi.'

Diolch i'r côr plant yr oedd Abram wedi ei baratoi erbyn yr amgylchiad, canwyd y pennill, er ei gloffed, gyda gwres a hwylustod ar yr hen dôn 'Diniweidrwydd'. Dyblwyd y ddwy linell olaf, a thrawai Abram ambell nodyn amhersain i mewn yma a thraw, gan beri pwff o chwerthin i forwyn fach Gyfeilon. Yna dechreuodd y ddarlith o ddifrif, wedi i Abram y tro hwn dynnu ei gadach o boced ei wasgod, a'i ddefnyddio yn wylaidd fel o'r blaen:

'Annwil Frodir a Whariorydd (*carthu*). Nhestin i heno yw Diletswdd Din at Nefodd a Deiar (*carthu*). Rwi'n credi dyle ni bawb garu'n gili (*carthu dyfnach*). Ma natir yn disgi hin i ni (*carthu dwbl*). Ma'r afon yn cari'r nant ag yn i chario'n dwt dan i chesel i'r môr (*hir-garthu, a chwilio am y cadach*). Dina'r pen cinta sy geni—ag yn ail—(*cael gafael yn y cadach, sychu'r chwys ar y talcen a'r bochau, carthu'r gwddf, ac ail-ddechrau sychu'r chwys gyda dwylo crynedig; distawrwydd llethol i'w deimlo drwy'r adeilad; amryw'n pesychu, a sychu chwys; morwyn fach Gyfeilon yn gwelwi a gosod ei llaw ar ei chalon*).'

'Mai wedi mynd yn nos arnat ti, sownd, Abram bach,' meddai'r cadeirydd o'r diwedd.

Chwarddodd hogyn neu ddau, ond nid atebodd y darlithydd ddim; yn unig pesychodd yn floesg.

'Odi hi wedi tiwilli na, Abram?' gofynnodd Deio eilwaith, a'i lais clochaidd yn atsain drwy'r distawrwydd dwfn.

'Mai'n diwill post,' oedd yr ateb llesg.

'Cistal i ni find gatre i gid, sownd, gyfeillion,' ebe'r cadeirydd; 'ma'r ddarlith ar ben am heno yn clo.' Ond gan chwerthin yn gellweirus, ychwanegodd: 'Rwi'n credu fod pob un wedi câl gwerth i arian, er na pharodd y ddarlith am ddwy awr a hanner fel rodd y cyfell Abram Jones yn gweid wrthw i ar y ffordd i'r ysgoldy.'

Ar y ffordd adref, cyfarfu'r bobl â thorfeydd o ddiweddariaid yn dyfod i'r ddarlith, a mawr oedd eu siomiant a'u syndod pan fynegwyd iddynt fod y cyfarfod drosodd.

'Dou ligad morwyn fach Gyfeilon nath y gwaith, ag mi gloiodd rhwbeth yn 'y mrest i, ag mi weles y llawr yn codi fel arthen ar 'y mhen i nes bo'r cwbwl yn tiwilli; ac wedin fe dorrodd y whis drostw i bob modfedd, ag mi redodd lawr i'n sgidie i nes 'rown i'n teimlo fel tawn i'n shwc-shac'—dyna esboniad Abram ar fyrder ei araith. Mynnai dau o ddiaconiaid mwyaf difrif Bryn-y-groes roddi esboniad arall ar ei fethiant—a'r syniad o 'ddial' yn cymryd lle amlwg ynddo.

Ond yr oedd buwch newydd braf, o goch a gwyn, yn pori ar gnwc y Felin; ac yr oedd Pegi a'r plant yn raenusach ac yn hapusach nag erioed.

Sarnicol.

YMWELIAD GWIBER AG EMLYN
(Chwedl yn nhafodiaith cylch Castellnewydd Emlyn)

'Dina le enwog yw Castellnewy ma. Dyw e ddim yn lle mowr, ond mai e'n lle hen iawn, a chi glywch lawer o son am dano gan nad ble'r ewch chi.'

Fel yna y gwedai Ifan y Saer, neu fel y gelwid ef yn awr Ifan Jones, wrth Deio'r Hendŷ, wrth yfed pob i beint ar ddydd Ffair Haf, yn ngwesty Pen y Brenin, yn Heol y Castell, yn nhref Emlyn flynyddau yn ol.

Yr oedd Ifan wedi 'i eni a'i fagu yn y gym'dogaeth, ond wedi bod i bant ym Morganwg am flynyddau maith, a daethai'n awr i roddi tro am ei berth'nasau a'i gyfeillion. Meddyliai'r byd o Gastellnewydd, a pho hwyaf y cadwai o'r lle anwylaf oll yr ai yn 'i olwg. Hoffai ddarllen rhywbeth am y dref yn y papyr newydd, a siarad am deni ac am 'yr hen bobol,' â'i gyfeillion yn y 'gweithe.' Llawer gwaith ar foreuau Sul cyn dod i lawr o'r lofft y clywyd ef yn hymian hen rigwm ddysgasai'n grwt:

> 'Mi af i'r ysgol fory
> A'm llyfyr yn 'yn llaw;
> Mi wela' Gastellnewy
> A'r cloc yn taro naw.'

Yr oedd Ifan wrth 'i fodd y diwarnod hwn wedi cael gafael yn 'yr Hendŷ,' a Deio'n teimlo'r un mor foddus wedi cael o hyd i Ifan.

Deio ydoedd hanesydd y gymdogaeth; treuliai'i Suliau i ddarllen a mwynhau golygfeydd yr ardal. Gwyddai 'Hanes y Ffydd' a 'Drych y Prif Oesoedd' ar 'i dafod, a meddai grap ar weithiau yr hen feirdd, yn enwedig Dafydd ab Gwilym. 'Prif fardd yr oesau' oedd Dafydd yn 'i olwg, yn benaf, efallai, o herwydd ei gyssylltiad adnabyddus âg Emlyn. Meddai Deio gof anfeidrol; gwyddai achau pawb, a beth oedd wedi digwydd ymhob man oddiar amser y diluw. Gofynid iddo weithiau: 'Pwi lafir odd yn y ca ne'r ca, Deio, ddeugen mlyne 'n ol?' ''Roswch chi,' atebai Deio, 'barlys odd ym Marc yr Offt; circh yn y Ca Melin, a gwenith yn y ca'r ich chi'n son am dano fe.'

Amcan Ifan y Saer wrth fyned a Deio i mewn i'r gwesty oedd 'i dynu yng nghyfeiriad y Castell. Elai'r saer yno bob tro y deuai i'r gymdogaeth. Byddai'r olygfa'n fath o adnewyddiad nerth iddo, a dygai i'w gôf yr amser a dreuliasai'n yr ysgol.

'Odi, ma Castellnewy'n lle enwog,' dywedai Deio mewn atebiad i sylwi'i gyfaill. 'A widdoch chi'n bod ni'n sefill nawr yn y man y cas y pregethwr noted—Dafi Sandars, widdoch—i eni?'

Yr oedd Deio'n gyfarwydd â holl helyntion Castellnewydd oddiar amser y Rhufeiniaid, os nad cyn hyny, ac ni byddai dim yn 'i foddio'n fwy na chael cyfle fel hyn i 'siarad hen amseroedd.'

Aeth y ddau gyfaill allan o'r gwesty, a throisant i gyfeiriad yr hen Gastell. Cerddent gan 'u pwyll drwy'r bobol, gan ysmocio a sefyllan bron bob yn ail gam, o herwydd yr oedd Deio yn un o'r rhai brwdfrydig dymmher hyny na fedrant gyflawni'r ddau orchwyl—ymgomio a cherdded—ar yr un anadl.

'Sbotin digon diddorol iw hwn, Ifan,' meddai Deio, gan droi blaen 'i ffon a dweyd, 'rich chi'n gwbod am y bwthin y cas Ioan Emlin i eni?' 'Dyma'r man,' meddai wed'yn, gan bwyntio â'i ffon, 'lle'r odd yr hen Feti Parri'n cadw tafarn, ag yn macsi'r ddiod ore ifwd yng Nghymri ariod. Ma son miwn llifre am i chwrw i, a son fod Castellnewy'n enwog am i 'gwrw da ai fesir bychan'; ma'r mesir yn para'r in o hid, on chawd bith gistal cwrw wedi i'r hen Feti find i Genarth.'

'Fe fiodd Williams Pantycelin, ontofe, 'n pregethi 'Nghastellnewy ma 's llawer di?' gofynai Ifan i'w gyfaill.

'Do, do mi fiodd,' atebai Deio, 'yn nghefen y *Saliwtashon* yr odd e. Rodd hi'n Ddisil glib a garw tihwnt, on cadw'r cwrdd y nawd, ag fe glimwd blancedi a chartheni obiti Williams, a mi rowd toien o wellt gwenith yn gap am y cwbwl. Ni chawd ariod fath gwrdd. Dyna lle biodd y pregethwr yn pregethi'i chalon i, a'r bobol ag inte'n anghofio i bod yn diwel y glaw fel ar stwce ag yn mind yn nos.'

'Pam na cheisen ni gwrdde felni amell waith nawr?' sylwai Ifan yn fyfyriol.

'Mi widdoch i Dafidd ab Gwilim fod yn rysgol yn Nghastellnewy?' gofynai Deio. 'Mai e'n cribwyll miwn in man yn i waith am "Ffair Haf" y dre ma—y ffair y doithon ni iddi heddi, rich chi'n gweld—

'Mwy na phe rhoid miwn Ffair Haf
Farf a chorn fwrfwch arnaf.'

Yn y Ddolgoch rodd Dafidd yn aros gidai nwncwl, ag rodd hwnw'n cadw rhw fath o feihowld yn y Cringa.

'Yn y ngwir i, ma'ch cof chi'n dda, Deio,' mynte Ifan.

'Taech chi'n cered lawr biti ddou can llath gida Theifi fe ddoithech at bwll mowr y man nhw'n galw Pwll Deio Wiliam arno,' ychwanegai Deio, 'a mai'n ddigon tebig taw ar ol Dafidd ab Gwilim y galwd yr enw.'

'Falle fod y bardd yn ffond o folchid yn y pwll hin pan odd e'n yr ysgol,' awgrymai Ifan.

'Falle i fod e,' atebai Deio, 'rodd Dafidd fyni a phob direidi.'

Teg yw dweyd y byddai dychymyg yr Hen Dŷ yn bywiocau ac adnewyddu 'i nerth fel yr eryr wedi 'cal diferin' fel hyn, ambell i ddydd ffair, neu ambell i neithior, neu ar ginio rhent.

Safai adfeilion yr hen Gastell o flaen y ddau ymgomiwr erbyn hyn, a mantell werdd yr iorwg yn cuddio'i ysgwyddau. Golygfa ardderchog ydoedd; yr afon yn dylifo oddifry ac yn ymdroelli am dano fel pedol arian o dan garn ceffyl. Ni cheir gwell golygfa yn un man o Gymru, ac nid yw'n rhyfedd fod Syr Rhys ab Thomas yn hoffi byw yn Emlyn, yn fwy, 'medden nhw,' nag yn un o'i gastelli eraill, yn fwy nag hyd yn nod yn Abermarles yn Nyffryn Towi.

'Rich chi'n gweld y corn si a'i wmed at y de, yn edrich at Barcnest,' sylwai Deio, gan gyfeirio pig 'i ffon at y darn hwnw o'r Castell.

'Gwela, gwela,' atebai Ifan.

'Wel, manco disginodd y wiber pan y doith i Gastellnewy. Rich chi wedi clwed yr hanes, mi grynta,' meddai Deio, gan edrych yn llygad y saer.

'Do, fe glwes i mam yn gweyd rhwbeth am y peth, ond dich chi ddim yn cofio am y digwiddiad, odich chi, Deio?' sylwai Ifan.

'Nadw, nadw,' atebai'r hanesydd. 'Fe ddigwiddodd cin y ngeni i; ond ma'r hanes yn eitha gwir wath mai e miwn llifre.'

'Beth alle fod amcan rhw griadir fel ni ar ddi ffair?' holai Ifan, 'nad oedd wedi cael gweledigaeth eglur ar y pen hwn eto.

'Rodd Castellnewy'r prid 'ni, fel mai e'n awr, Ifan, yn enwog am i ffeire, ag rodd e'n lle anniwiol tihwnt, ma'n debig, yn fwy meddw a rheglid nag in lle 'Nghymri ta le. Dodd nag eglws na chapel yn y dre. Ma'n wir fod rhw gapel bach dan eglws ma, ond dodd neb yn twlli i ddrws heblaw'r ffeirad a'r clochi. Yng Nghenarth, tair milltir nes lawr odd eglws y plwydd, a no bidde pawb yn mind a'r cirph i gladdi. Rodd y lle'n baganedd hollol a neb yn meddwl dim ond am oferedd ag anniwioldeb fel ron nhw yn Sodom a Gommora s llawer di. Rodd amell in yn drogan y doi barn ar y lle, nad alle pethe ddim para felni'n hir.'

Fe grybwyllodd Ifan rywbeth am Dduw'n 'hir yn taro,' ond 'doedd e ddim yn gyfarwydd iawn â'r Hen Ficer.

'Rodd i wedi bod yn haf sich ombeidis,' ai Deio yn ei flaen—'Ie'r haf y doith y wiber i'r dre?' gofynai Ifan mewn cromfachau, gan ychwanegu yn llaes bach, 'Tewi twym ma hen brifed felni'n lico.'

'Ie, ie,' aeth Deio 'mlaen â hi, 'rodd hi'n annioddefol o dwym; y ffinhonne a'r nentidd wedi sichi 'mhob man, a dim dwr na blewin na dalen las yn in man i'r nifeiled; y gweire a'r llafirie wedi crino ar i trad, a ffrwythe'r cod wedi crispino'n bethe bach celid. Ond wrth gwrs fe ddoith y ffair, wath rodd pobol am gal gwared y nifeiled odd yn ffeili codi i hinen yn y ceie.'

'Rodd y ffeire s llawer di yn fwy na nawr,' sylwai Ifan.

'On, on,' gwedai Deio; 'rodd dinion yn dwad â cheffile a bistechi, a da lloi, a defed, a moch o bob part i Gastellnewy s llawer di, a phorthmin yn dwad lan o Shir Bemro, a lawr o Lambed a Thregaron, a Llanddyfri a Lloiger a phob part, a dina fel rodd i'r ffair y doith y wiber i'r lle. Fe glwes i'r hen bobol yn gweyd ta'r ffair fwya welwd ariod odd i. Rodd y nifeiled yn cyradd lawr at Bompren Gwiddon, a fini at Abararad a Chilwen, ag i'r lan dros Bencraigfach ar ffordd Penrherber, ag yn in tew ar Frindiodde, a drwa at Rhen Hafod a lawr at Gwrcwed. Rodd yr holl wlad wedi dwad i'r ffair, a ni chlwid dim clistod gan leise'r nifeiled a berw'r bobol ymhob man. A ni cheisech chi ddim cyffro gan mor din odd y dinion wedi i saco yn y teie a'r tilte, ar stritodd a'r ffirdd. Rodd ma dafarn bob yn ail di, medden nhw, ag rodd rheini'n llawn hid y twred o bob rhandibw a rhialtwch, y bechgin a'r merched yn ____.'

'Rodd i'n wath nag yn amser steddfod ne lecshwn,' bwriai Ifan air i mewn.

'Odd, yn wath nag y clwes i bot i ym Mhontstorws, Merthir, ar nos Sadwrn pai,' chwanegodd Deio, ac aeth rhagddo: 'Pan odd swn a berw'r ffair felni'n y man iwcha dyma rw sŵn dieithrol iwchben y dre—HWRR—HWRR—HWRR—fel ta rhw ingin fowr yn biginad a hwthi. Fe glŵd y swn gan bob ened yn y ffair, a mi ath y nifeiled, medden nhw, 'n ddistaw fel ta nw'n diall fod rhwbeth yn bôd. Ar hin fe welid rhw hwdwg mowr yn hedfan lan o wrth Ddol Brenin, yn gros i'r dre, ag yn bwrw yn i gifer at y castell. Rodd e'n hedfan fel y gwelsoch chi Dderin Glas y Gwanwn—yn codi a gistwng—ond bod i hwrr e mor grif a swn masin dirni. Fe welodd pawb y criadir, a mi gwelson e'n disgin ar ben y Castell—ar y big ddangoses i gine—a dyna lle bi e'n cimhwyso'i hinan ag yn spïo â moilid i liged a phawb yn dichryni ag yn dwli rhag i ofon e.'

'Ni chlywes i ariod shwt beth,' llefai Ifan, gan godi 'i ddwylo mewn syndod.

'Na, ni welwd dim yn debig na chint na chwedin,' meddai Deio. 'Rodd hi'n amser sobor erbin hin. "Howir bach," medde pawb, "Beth iw e?" "Beth iw e?" "Ma fe'n rhwbeth mowr iawn".'

'Ath rhai,' daliai Deio i adrodd, 'mor agos i'r Castell ag y gallen nhw, on ron nhw'n onfi mind yn rhi agos wath rodd lliged y criadir yn mind trwiddin nhw, a mi welen i dafod coch e'n brathi miwn a mas o'i safan, a maint o ginffon fowr fel y morddwd i yn nidd-droi fel neidir o'r ti ol, a rhw bethe fel cirn ar i ben e, a'i esgill yn codi'n ddwi big ar i gefen e. Coch a glas odd i liw e, ag rodd i gorph a'i ginffon e 'n in cenne i gid, fe ta gregin yn i wisgo fe. Sefill ar y Castell odd e o hid, ai liged fel dwi ffwrnes yn i ben, a chrede pawb fod rhw amcan drwg yn i olwg e.'

'Yr anwl fowr!' myntai Ifan.

'GWIBER! GWIBER!' llefodd rhwin ar Bencraigfach, a dyma'r gair fel tan gwillt fini a lawr ar hid y dre a'r ffair. 'Gwiber! Gwiber!' medde mil o leise drw'r holl le. Rodd ma lef a llais erbin hin, fe allwch wbod—dinion crifion a gwragedd a merched ifenc yn pango'n glits yn y teie ag ar y strit; erill yn codi a phlethi dwilo ag yn llefen ar y Bôd Mowr i cadw nhw. Rhede rhai dan y gwelïe a'r bordidd i gwato, ag ath erill nerth i trad i'r capel bach i weyd i pader. Rodd Twm y ffidler a Dic y Telinwr fel dou ddin wedi gwallgofi, a mi dewlodd Twm i ffidil dros y bont. "O mhlant bach i, cha i bith weld Penlan rhagor," medde Pegi Wil Cridd. "'Da i bith i ddwin erfin i ga Penwenallt ond hini," medde Shanw gwraig Twm y Gwaddotwr. "Ni welith neb o hona i'n gwisgo pais a godro gwartheg Penlan bith mwi," tinge Twm Penffordd. "Tawn i'n gweld dwe'n ol dawn i bith i di Lewis y Morwr," addawe Dafis Tinewy. "Mi dala bob swllt at blentin Sara Tim os bith ca i find i blwidd Pembrin," gweidde Ben mab Tihên. "Ni chiddia i 'r in isgib rhag y person mwi," penderfine Edward Mascanol, odd yn arfer darngiddio pwer o gnwd i dir bob cinheua. Dyna fel yr ai petha'n y blan; rhai'n addo cadw'r deg gorchimin bob llithyren; erill yn promeiso rhoi gwell bwid na bara 'maidd i'r gwasnethinion, ag erill wedin yn tingi ar i hened na thwillen nhw neb o Farnet i Gastellnewy.'

'Rodd i cidwibode'n i cnoi nhw, ich chi'n gweld,' sylwai Ifan.

'On, on,' cydsyniai Deio, ac yn adrodd,—

'Pan odd dichrin fel hin wedi dwad dros bawb, a'r ffair mor sobor a chwrdd gweddi, chidig iawn allodd gadw i synhwire. Drw drigaredd rodd y nifeiled yn gallach na'r perchnogion, ne fe fisen sarnfa rifedd ta rheini'n rhedeg yn wallgo o finidd i fôr.'

'Ar ben y Castell odd y criadir o hid, ie fe?' gofynai Ifan.

'Ie, ie, ag fe ddoith i ben rhwin i seithi fe, ond pwi fentre'n agos at rw anghenfil felni odd yn edrich mor ddrychynllid, a'i arogl e erbin hin yn ddigon i gwmpo ceffil. Fe irrwd nerth trad ceffile i Lisnewy a Dolhaidd, a'r Glaspant, a Pharcnest, a'r Fwel, a Gelligatti, a'r Cilgwin, a'r Fforest a Chilfallen i mofin drillie. Fe lodwd rheini, on chyrheidde'r in yn ddigon pell. Dodd taro yn y bid ar y criadir. Cisgi'n dawel odd e erbin hin, ai liged e yn y gored, ai ginffon yn dorch loni ar i gefen e. Dodd dim i neid ond godde'r farn odd wedi dwad ar Gastellnewy.'

'Dina beth od na cheid neb alle seithi'r wiber,' sylwodd Ifan. 'Odd dim gwr benheddig ne botsher a'i ddrill e'n ddigon crif i daro'r criadir?'

'Nag odd, n ol pob cownt,' mynte Deio.

'Ond fe wedodd hen sowdiwr o rhingon ni a'r môr co ta'r hen ddernin odd gidag e dan fantell y shime gatre o hid y trawe fe shotsen trw berfe'r bwistfil. A mi ath rhwin ar inwaith nerth carne'r ceffil i mofin y mwsced i hwnw. Fe ddoith y din a'r ceffil a'r drill n ol cin i fod e no. Wedi cal y drill i law, dyma'r sowdiwr yn edrich arno ag yn tini 'i law dros y faril a gweid, 'Ar f'ened i, mai e wedi taro llawer gwidd a hwiad willt, ag amell i Ffrenshman hefid, a ma gida fi in bilsen setlith gownt a'r gwalch si ar ben y Castell tai e'r cythrel i hinan.'

'Gida hin fe gidiodd y sowdiwr miwn glanen goch ar war rhw feniw, a mi rhois 'i dan i gesel, a lawr ag e yn i gwrcwd gida chlaw'r Castell hid at yr afon. Man 'ni fe dinodd i ddillad odd am dano ond i fritis, a mas ag e i'r afon a'r lanen goch ar i war. Rodd yr holl ffair erbin hin wedi cirnhoi i weld y sowdiwr yn mind i seithi'r wiber. Rodd y din hid i geseile yn y dwr wath ma'r afon o dan y Castell yn ddwfwn iawn.

Rodd y distawrwidd mwya' mhob man wath fe deimle pawb fod i tinged nhw'n dipendo ar bowdwr a phlwm y sowdiwr.

'Fe'i gwelwd e'n neli at y bwistfil. Fe wedir ta dani dor e odd e am daro, wath ma dina'r inig fan y galle'r ergid feni dim arno. O'r diwedd dyma'r din yn tano, a'r peth nesa welwd odd y wiber yn bwrw fel llecheden ato yn yr afon, ag yn gneyd y screchfeidd rhifedda glwd ariod.'

'Drian ag e, rodd hi'n galed arno,' sylwai Ifan.

'Odd, ond fe fi'r sowdiwr yn ddigon ciwt ich chi'n gweld. Mofiadwr da odd e, ag wedi gillwng yr ergid, fe adodd y lanen goch gida'r dwr, ag fe ddeifodd inte lan yn erbin y dwr, ag fe ddoith fini dan y goilan rochor hin. Yno biodd e am spel heb ddim ond i drwin a'i liged e'n y golwg.'

'Beth ddoith o'r wiber, Deio?'

'O, mi ddisginodd hi 'rich chi'n gweld, ar y lanen goch gan feddwl ta'r din odd no. A dyna lle biodd 'i'n screchen a llapreio nes odd gwallt pawb yn sefill ar i pene nhw. O'r diwedd fe welwd rhen brifin yn troi a'i fagle fini, ag rodd hi'n ol ofer arni.'

'Ag fe safiodd y sowdiwr i hinan felni?'

'Do, do,' gwedodd Deio, 'fe ddoith lan wedi gwisgo a'i ddrill gidag e, a mi cariwd e wedin miwn stol gader trw'r dre, a mi fiodd yn rhialtwch rhyfedd y noswerth 'ni. Ond 'roswch i fi gal gweid wrthoch chi. Ni chawd bith mo gorph y wiber, ag fe gred llawer ta whithrwidd odd i. Ond dw i ddim yn credi 'ni, wath rodd dwr yr afon wedi 'i liwo'n in coch a glas i gid gan wad a gwenwn y bwistfil. Rodd digon o wenwn yndi i ladd llond tre o ddinion. Fe laddwyd pob pisgodin a lliswen odd yn yr afon lawr hid Abarceri a Drewen.'

'A wellodd Castellnewy ar ol y digwiddiad Deio?' gofynodd Ifan.

'Wn i ddim,' atebodd Deio, 'ond fe ifwd pob dafan o ddiod odd yn y lle—y ddiod new'i macsi a'r cifan; ag rodd Twm y Ffidler yn ffeili diall beth odd wedi dwad o'i ffidil e, ag fe gawd rhw ddifirwch anghyffredin nosweth y wiber.'

W. Eilir Evans

Rhyddiaith a Chân, Western Mail, Caerdydd, 1909.

TRAFODION URDD GRADDEDIGION PRIFYSGOL CYMRU
1906, 21 : 26.

Trosiad y Parch A. W. Wade-Evans o Genesis 39: 2-4 i dafodiaith Abergwaun

Ac yr oedd yr Arglwydd gyda Joseph, ac efe oedd ŵr llwyddianus: ac yr oedd efe yn nhŷ ei feistr. A'i feistr a welodd fod yr Arglwydd gydag ef, a bod yr Arglwydd yn llwyddo yn ei law ef yr hyn oll a wnelai efe. A Joseph a gafodd ffafr yn ei olwg ef, ac a'i gwasanaethodd ef: yntau a'i gwnaeth ef yn olygwr ar ei dŷ ac a roddes yr hyn oll oedd eiddo dan ei law ef.

A wedd yr Arglwydd gyd a Joseph, a wedd e'n ddyn llwyddianus, a wedd e yn tŷ i fishtir. A welodd i fishtir bod yr Arglwydd gyd ag e a bod yr Arglwydd yn âla popeth a nese 'fe i lwyddo yn i law e. A gas Joseph ffafar yn i olwg e a wedd e'n was iddo: a nath e'n oligwr ar i dŷ e a rath pobpeth iddo dan i law e.

BLAS AR DDOSBARTH DINEFWR
CIL-Y-CWM
LLANDEILO
LLANFAIR-AR-Y-BRYN
LLANSAWEL

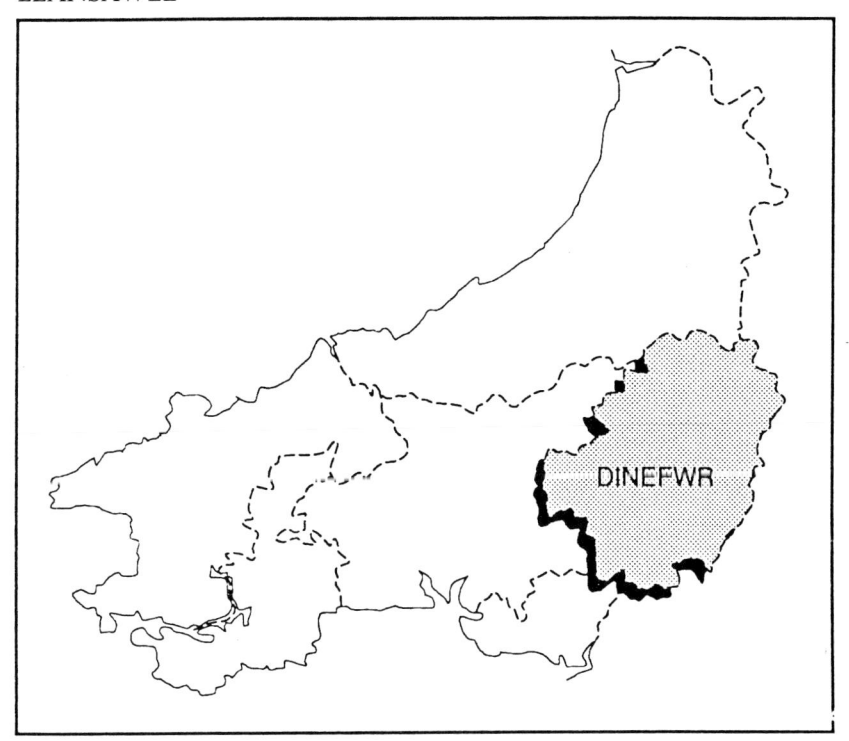

Casgliad M.D. yn Archif Tafodieithoedd Dyfed
Siaradwraig o Gil-y-Cwm
Ganed 1922

Odd i'n neid lot wedyn 'ny o bryd y cybydd... Odd mo mama'n gybyddlyd o gwbwl... On i'n lico tato a 'na fe beth bidde gal... swedzen ne rwbeth... dodi'r cwbwl i ferwi yn crochon ar ben tân a torri sleisis o gig mochyn i ddodi ar i wyneb e... a gadel 'wnnw i ferwi... hyd nes bod y dŵr wedi cal i ferwi mas i gyd a'r tato wedi sychu lan 'te mwy ne lai. 'Na beth odd pryd y cybydd. Och chi'n codi'r cig wedyn 'ny a odd blas y cig yn y tato i gyd. Odd lawer mwy o dato yn mynd pryd 'ynny na amser ni'n berwi'r tato ar wahan achos odd blas y cig yn y tato a'r moron ne beth och chi'n dodi yn y boiler ma gyd... Odd lot o waith neud bwyd, lot o waith neud bwyd...

Casgliad W.R. Arnod 817A yn Archif Tafodieithoedd Dyfed

Siaradwr o Gilycwm
Ganed 1908

Mae i wraig 'di madel ag e... wedi myn off 'da rwyn arall... dim gwerth iddyn nw briodi nawr... madel a'i gilydd o id... Man nw'n blino a'i gilydd... Man nw'n priodi a ma gwely shingel, mae e rhy fowr 'ddyn nhw... Mewn blwyddyn ma gwely dwbwl rhy fach 'ddyn nw. Simoch chi'n diall... man nw'n priodi, ma gwely shingel mae'n ormod o seiz iddyn nw... Wel byw blwyddyn gyda'i gilydd, wedyn 'ny ma gwely dwbwl ry fach 'ddyn nw... Ti wel' ma'r merched 'ma'n ennill arian mowr eddi, ond 'yn nw. Man nw'n priodi we'n a man nw'n cal babi a ma raid sefyll gatre nawr a byw ar arian y gŵr a mae'n myn' dân gole we'n, ond 'yw i... 'S dim gwaith i gal nagos e. 'S dim gwaith twel. 'S dim byd i gal ffor' yn nawr. Mae'n wael arnon ni eddi. Lot yn Landyfri nawr yn neud dim... dim ond mewn i'r hen *fetting shop*. Man nw'n beto.

Casgliad T.W. Arnod 905A yn Archif Tafodieithoedd Dyfed

Siaradwr o Landeilo
Ganed 1903

Tair ar ddeg on i'n goffod mynd i ddechre gwitho. Odd pethach yn go deit... i 'elpu father i gal bywolieth i'r tŷ... naw o blant a fi odd yr hena. Pump o fois a peder o ferched... On i'n en grwtyn jogel o seiz ond bues i'n falch o gwpla yn y *Co-operative Store*. Odd e'n rhy galed. Trafod hen bwnne mowr... Bues i shwr o fod agos i ddwy flynedd man 'ny... On i'n mynd ar yng ngrefft wedi cwpla yn y *Co-op*. Miswn.

Ces i'n fforddi i fynd i ddysgu ngrefft wedi bod yn y *Co-op* man 'na. 'Na beth on nw'n weud, dysga dy grefft, gall neb ddwgyd wnna wrthot ti... Wedi bod 'na am ddwy flynedd, des i i arian bach gweddol. Ces i ddim bod eb ddim 'da fe... Fuodd e'n gwitho fan 'yn wrth wal fynwent Pen-y-banc... a fi ath i dendo fe man 'ny. Odd e'n fachan odd yn lico 'i bop a odd da fi jest digon o waith yn rideg i'r tafarn i ôl cwrw 'ddo fe... Fues yn ddigon dwl i briodi. Priodes a es i fyw yn Crosshands wedyn.

Casgliad W.J. Arnod 917 yn Archif Tafodieithoedd Dyfed

Siaradwr o Lanfair-ar-y-bryn
Ganed 1919

Twm Siôn Cati... mae e wedi bod yn byw. 'Wy di gweld i *birth certificate* e... Buodd e'n faer o Brecon un amser, medden nw wrtho i. A odd e'n moen priodi'r ferch odd yn byw 'ma. Catherine, merch i'r Maude Devereux 'ma, mae'n debyg. A odd e wedi myn lan i'r ffenest i galw i mas o'r gwely rw nosweth. Odd i'n pallu dod mas ato fe. Fe torrodd e i braich i, i llaw i yn y ffenest.... a ma gwad... wedi staeno'r llawr... Ma milodd o ddynon wedi bod yn gweld ogof Twm Siôn Cati. P'un e odi e'r ogof iawn ne bido, 'wy'n gwbod dim, ond ma milodd o ddynon wedi sgrifennu 'u enwe 'na... Amser on ni'n blant yn yr ysgol odd dynon yn dod i'r drws... i ofyn y ffordd i'r ogof. A oe'n i wastod yn gofyn i'n nhad a mam a oe'n i'n gallu mynd i ddangos a oe'n i 'n cal ryw swllt ne ddwy. A 'wy'n cofio'n iawn arno i'n mynd a dyn o'r enw Wil Ifan... y bardd a ches i ddim dime da'r jawl.

Casgliad M.D. yn Archif Tafodieithoedd Dyfed

Siaradwr o Lansawel
Ganed 1911

Odd y gof 'da ni yn pentre 'ma chwel, oedd, oedd... odd dim iws i chi gadw dim sŵn 'da fe... odd e'n un deche a odd e ddim yn moen lot o en sŵn chwel. Fel 'na odd e wastod... On i'n pwno ambell waith 'da ge. Gyda'i fab e'n enwedig... buon ni'n bwrw. Odd e'n gofyn, dod ergyd i'r bedol... odd e'n roi mwrthwl bach a inne'n gorffod tapo i gal torri'r twlle i'r oelon... Odd na gylcho mowr ambell i ddiwrnod wedyn chwel... on ni'n bedwar ne bump arni wedyn a'r sar yn pwno lawr chwel i gal e ffito i'r dim... Oedd, odd i'n amser bishi pyr'ny chwel. Odd ddim amser i golli 'te... Odd e bown o gal y cwbwl yn dwym cyn bod pethach yn oeri chwel... Odd e'n wys diferu chwel... Ac odd dim dentist i gal pyrn'ny chwel... Bues i'n tynnu un 'da fe, doi 'da ge. Odd peth i 'unan i gal 'da ge i dynnu chwel a fel *ring* iddi... a odd e'n troi'r sgriw a mas ag e... Och chi'n falch i gal e mas... A tynnes i un wedyn 'da ge yn y tŷ. On nw'n ddoi pyr'ny. I fab miwn 'da ge. A odd e'n dala 'nglustie i... Odd ddim dentist i gal pyr'ny chwel a och chi'n falch i gal y cyfle.

BLAS AR DDOSBARTH LLANELLI
CYNHEIDRE
FELINFOEL
LLANELLI
LLAN-NON

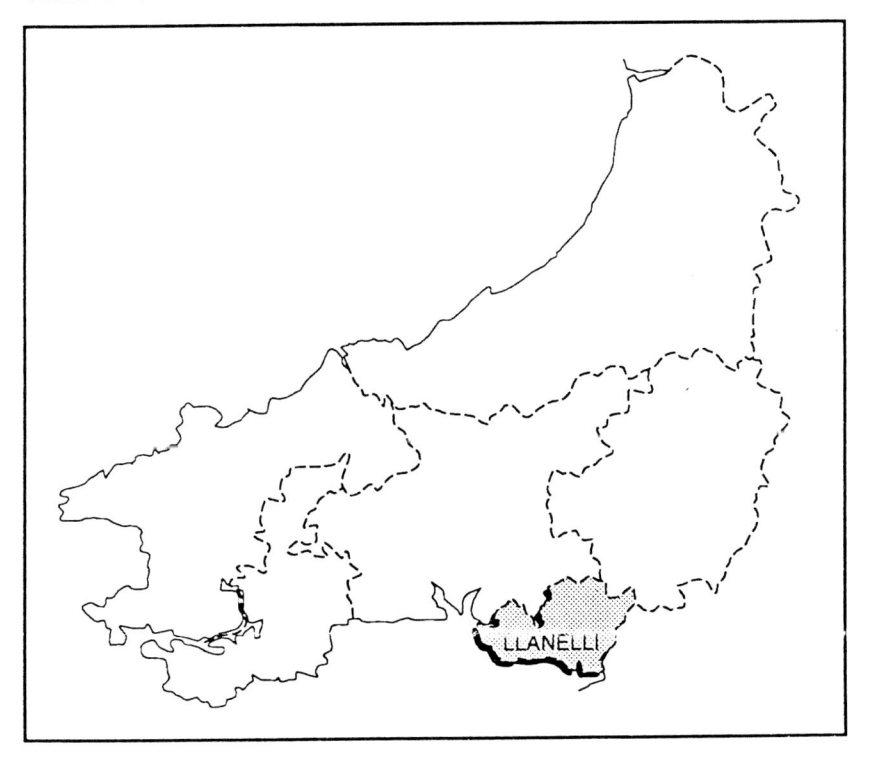

Casgliad A.E. yn Archif Tafodieithoedd Dyfed

Siaradwraig o Gynheidre
Ganed 1885

Och chi'n gotro'r da a dodi'r llath mwn pedyll. A dim ond pedyll llath on nw, a och chi'n tynnu'r ufen y bore ar ôl 'ny... Och chi'n i adel man'ny nawr sbo'r maidd i gyd yn dod mas. A och chi'n i dynnu e mas bore'r ôl 'ny walle a'i hwalu e'n fân fân fel blawd. A on i'n i ddodi e yn y wnnw caws wedyn. A odd pwyse mowr gyda ni a'i lawnd e o gerrig a on i'n gallu i hware fe nôl a mlân gyda rhaff fach. A'i ddodi e miwn fan'ny am ddiwrnod sbo'r maidd yn mynd mas a chwedyn oe'n i'n i dynnu e mas o fan'ny a'i hwalu fe lan wedyn. . . Odd mam yn gweud o id i bod i'n credu bod cwmpni i gal 'co. On nw'n hwiban yn y nos dim ond diffod y gole . . . a mi laddon un. Laddon ddwy ne dair. A odd in gyda fi'n bet. Odd i miwn o dan y garreg yn y clos bach, a odd i'n dod bob dydd ato i i gal toc bach.

Casgliad V.H. yn Archif Tafodieithoedd Dyfed

Siaradwr o Felinfoel
Ganed 1899

Odd tair ffarm gyda nad ichwel. On nw bwyti saith o fois ichwel. Wrth gwrs, mi gas nad y ffarm 'yn ichwel . . . Odd un gaseg fach gyda ni yma mi gollodd i llyffan ichwel. Odd i wedi codi oelen 'ychan a biodd yn gloff. On i'n gweld i'n gloff am sbel fach ar y cie chmbod. Dim wedi meddwl chwel. A on i wedi dishgwl arni a dishgwl arni a on i'n ffili gweld dim byd achos odd yr oelen miwn dan y llyffan. Ceson y gof lan 'ychan. A cilleth mi gododd part o'i llyffan i lan chmbod a odd yr oelen reit miwn chmbod. Welech chi mo i. Odd i wedi cyrnoi miwn yn y llyffan a i gwmpodd y llyffan off gyda i chmbod a gas i llyffan newydd chmbod. Mi dyfodd in arall gyda i ond tamed bach yn gloff odd i. Achwyn i throd trw'r amser am flynydde . . . On i'n dod gatre in amser cino 'chan o'r pentre chwel, a on i'n gweld cadno yn redeg lan ar y tyle . . . Odd e'n dod mas mana a mynd gros yr ewl a miwn i'r cwm yr ochor 'yn chwel. Le ma wna'n mynd medden i . . . Odd pedwar o en gadnoid bach yn y cwm 'chan. Nawr i fam e odd 'on on i wedi gweld yn croesi gros. Odd i'n mynd draw i'r Ffwrnesh i ôl ffid chwel. Odd cwpwl o ffowls gyda fi manco, ond odd rinco'n cal llonydd ar bwys mani. A diain eriod, dalon ni pedwar cadno bach 'chan. Ceson ni afel yn rini chwel. A mi sithon ni'r en un 'ychan chmbod. Odd i'n apno bod miwn lan drws y dibyn a sithon ni'r en ast efyd ichwel. Dyna ddiwedd y lot 'na tapin. Wrth gwrs odd yr en gi'n dod lawr wedin i wilo amdani chwel. On i'n i glwed e'n sgrechen lan ma o id amdani chwel. Odd rai

wedi i weld e'n lladd on bach chmbod a tynnu i afu e mas a mynd a
fe i ffido'r rai bach na. Y ci odd yn neid 'ynny chweld. Ie, ie'r ci odd
yn neid 'ynny.

Casgliad T.H.R. yn Archif Tafodieithoedd Dyfed
Siaradwr o Lanelli
Ganed Llanelli 1887

I roies i fe lan a i etho off i'r gwaith gyda cender i fi un bore eb wbod
i mam yn tŷ. A widdodd 'wnnw arni wrth fynd mas trw'r drws am ala
brecwast i ddoi... Sefes i bwyti bedwar mish na. Wel bwyti wech
mish. Cyn bof fi'n beder ar ddeg i etho i i witho yn y gwaith tun...
bues i'n gwitho man 'ny wedi 'ny am bwyti wech ne saith mish. Ac ar
ôl bwyti wsnoth on i wedi dod yn gamster wath odd ddim ishe i fi neid
y *job* wath on i'n goffodd rided i ôl cwrw i'r dynon odd yn gwitho na.
A wedi 'ny 'sen i'n mynd mas i ôl peint iddyn nw, mi fydden nw wedi
neid yn *job* i erbyn bydden i'n dod nôl. On i wedi dysgu dwplu a neid
y cwbwl amser on i'n grwt. On i'n cael trei gyda pawb i neid popeth.
On i'n gallu rowlo. Wel odd ishe rowlerman un diwrnod amser on i'n
neintîn. On i wedi mynd i witho ffwrnesh a mynd i ddwplu a odd ishe
rowlerman yn *neintîn* a geso i dyrn man 'ny yn lle 'wnnw. Wedyn 'ny
bues i'n dala tyrns sbof i'n cal lle yn rowlo... a etho i trw'r felin i gyd
fel 'na a bues i'n shero. Cymeres i ddim mo fe'n regwlar. Os bydde ishe
sherer bydden i'n mynd i shero... neud pythywnos ambell waith...
tair wthnos ambell i waith arall.

Casgliad R.T. yn Archif Tafodieithoedd Dyfed
Siaradwraig o Lan-non
Ganed 1890

Odd mamgu a dadcu on nw'n ffarmo ar Pencwn Fach. A'n nadcu a
mamgu arall on nw'n byw yn Pen y Banc, Llan-non wedi symud o'r
King's Head 'ma. 'Wy'n meddwl nawr taw i Pen y Banc ethon nw
gynta, ac o Pen y Banc fuodd mamgu yn cadw'r *Toll Gate House*, yn

cadw'r gats am beth amser ich chi'n gweld 'te. A fuodd nad a mam am ryw ychydig bach o amser. Odd Rys ym mrawd yn cofio'r gats. On i'n gofyn 'ddo fe, wel ddim yn 'ir cyn bod e'n cal i gladdu 'te. A on i'n gofyn 'ddo fe wyt ti'n cofio. Wdw medde fe 'wy'n 'u cofio nw, ond simo i'n cofio'r gats. Ond 'wy'n cofio pystion y gats yn gorwedd wrth y tŷ, *Toll Gate House,* nawr i chimbod te pan on i'n blant. A 'wy'n cofio'r rai odd yn byw yn Eisteddfa yn dod 'u nol nw 'te. A man nw'n bystion gats Eisteddfa nawr. Dwy on nw ta beth 'wy'n gwbod. Ie. Pystion cerrig calch . . . 'Wy'n cofio amser odd nhad yn dost a silacosis. A odd e'n hir, mishodd yn dost. Odd y ficer pyr'ny . . . Bedyddiwr odd nad ac i Hermon odd e'n mynd, ond odd e'n dod lan bob dydd Gwener i weld e. A bob prynhawn Sul ar ôl yr Ysgol Sul. Dim ond i gal tshat. On ni'n eglwyswyr i gyd a mam yn eglwyswraig wrth gwrs, ond odd nhad yn mynd i Hermon . . . Buodd e 'na ugen mlynedd 'te. I gladdwd e'n ddyn ifanc o silacosis ond odd dim sôn amdano'r adeg 'ny chwel. A mam wedyn wedi'i magu ar ffarm ond odd i wedi cal crefft gwinio a wedi bod yn wynyddes. Mynd pyr'ny a'i mashin ar 'yd y ffermydd a ala wthnos fan'yn a wthnos fan'co i winio.

BLAS AR DDOSBARTH CAERFYRDDIN
CENARTH
CWMANN
CYNWYL ELFED
ESGERDAWE

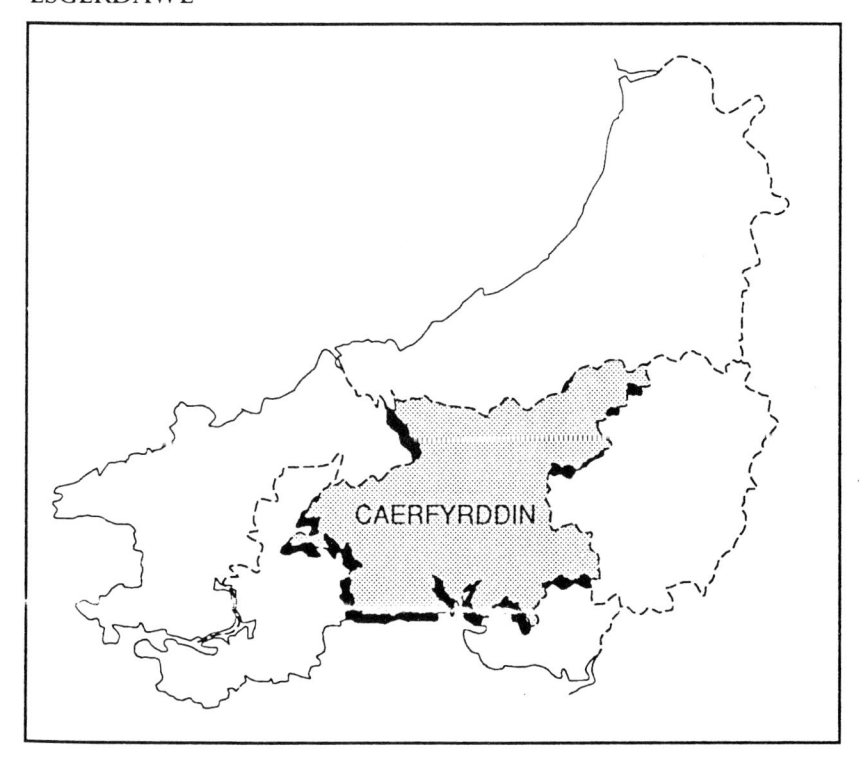

Casgliad R.D. Arnod 217 yn Archif Tafodieithoedd Dyfed

Siaradwr o Genarth
Ganed 1942

Ma'r corwg yn hen iawn... mae e cwpwl o filodd od shwr o fod. Maen nw shwn neud e es milodd o flynyddodd. Y rai cynta gath 'u neud chwel... on nw'n cyfro fe a cron creaduried. Wel nawr mae'n rwyddach nawr, in ni'n iwso calico a pitsh nawr. A ni ffo'r wilo'r cod 'ma chwel yn y geia a'i sizno nw i witho'r corwg achos os torrwn ni nw yn yr haf ma'r corwg yn pwdru yngynt. . . 'Yn ni'n iwso helyg ar y gwaelod a cyll ar y top. Ma 'na *neintîn* o lats helyg yn y corwg i gyd a in ni'n goffod wilo wedyn *forty* o god cyll i rwmo rownd y top i witho shâp basged arno fe . . . Ma'r grefft yn naddu'r cod. Chi fod i naddu'r cod yn wannach man lle man nw'n plygu. A ma'r rwyf wedi 'i neud o onnen wedyn, a ma'r peth 'yn 'in ni'n cario fe wedi 'i neud o bren deri . . . Ma cod helyg yn plygu a man nw'n god sy'n tyddu yn dŵr. 'Son nw'n pwdru. Gallwch chi ddim gwitho fe o bren arall achos fydd e wedi pwdru ynghynt . . . a so fe'n plygu yr un peth. Ma rai'n cal i gwitho mas o onnen amell waith, ond d'yn nw 'im yn para gystal . . . All corwg bara anner can mlyne . . . Os rodwch e lan ar stand tu fas yn deidi, all e bara anner can mlyne'. Chi'n roi saith pren ar y dechre yn fflat ar y llawr, a chi'n roi saith arall go with wedyn, a beindo nw miwn i gili'. A chi'n roi'r ddwy 'yn sy mynd yn gros trw'r canol man 'na. Ma reina'n cloi'r cwbl lan. A wedyn chi'n roi'r sêt miwn, a wedyn 'ych chi'n dechre mynd rown a'r gwiel ma rown y top . . . 'S'im hoelon yn agos 'ddo fe . . . Ma'r rhwyf yn cal i witho o bren onnen chwel, achos bod e'n bren isgon i drafod . . . 'yn ni'n ishte'n ganol y sêt chwel a ma un trod 'da ni ym mob cornel o'r corwg. 'M ond i chi gadw un trod yn bob cornel a ishte yn canol y sêt . . . simoch chi'n mynd i cwmpo miwn i'r afon wedyn . . . 'Yn ni'n torri'r cod nawr rownd Nadolig, wthnos Nadolig . . . a wedyn 'yn ni'n gweitho'r cwrwgle biti *May* fel 'na.

Casgliad O.R. Arnod 401 yn Archif Tafodieithoedd Dyfed

Siaradwr o Gwmann
Ganed 1930

Mae'n bwysig gyda ni bon ni yn dipo i stopo'r defed i bryfedu yn yr haf. Oherwydd os byddwn ni wrth y gwair ma'r defed yn fwy saff. Oedd tewydd llynedd nawr, y tewydd trwm, yn fwy iachus. Dyna'r tewydd gweitha i bryfedu yw tewydd llaith. 'S dim raid bod i'n dwym ofnadw dim on' bod i'n llaith, bod gwlân y ddafad jyst yn llaith. Ma'r defed yn pryfedu lawer gwath yr amser 'ynny na pan fydd i'n dewydd twym, sych. 'Wy'n cofio watsho nw ramser 'ny bob amser wath ma'r pryfed yn rhedeg dros 'u cefen nw mewn dwarnod. Fe laddith wain ddafad mewn dwyrnod. Dedwi ar y ddafad i ddechre, y rhai mowr glas 'na. A mae e'n dedwi wy a mae e'n hatsho mewn sha dwarnod, a mae'n troi'n gyndron. Mae e'n dod wrth y cannodd wedyn 'ny, a torri mewn trw gron y ddafad. 'Dyw dafad sy ar y mynydd ddim mor shwr o gal pryfed. 'D 'yn nw ddim yn poeni nw gymint ta beth. Mae mwy iachus reit ar top ar ddwarnod twym.

Casgliad L.E. yn Archif Tafodieithoedd Dyfed

Siaradwr o Gynwyl Elfed

Ynghynta nawr wedi dod mas o'r ysgol etho i at ewythr i fi a odd e yn y busnes pyrnu coed, gelltydd, a neud gwandde clocs wedyn 'ny mas yn y gelltydd. A wedi neud rini wedyn 'ny a'u sychu nw o'n i'n hala nw off i *Lancashire* wedyn 'ny a on nw'n cwpla'r gwaith fan 'ny. Ond erbyn hyn nawr wy'n neud nw'n hunan ac yn cwpla'r gwaith yma. A'u neud nw o'r dechre i'r diwedd yma... Y glocsen Gymrag yw honna nawr... clocsen *Lancashire* ma honno mwy lletwith... Pan on i'n gwitho gyda ewythr i fi wedyn, odd e'n prynu gelltydd o god gwern. A odd caban 'da ni... yn genol yr allt wedyn 'ny a cwmpo'r cod a llifo nw lan yn flocs wedyn y seiz on nw fod. A neud 'ny amser odd i'n dywydd ffein. A os buse 'in dywydd glyb wedyn 'ny, on i'n myn miwn i'r caban wedyn 'ny a iwso'r offer wedyn 'ny a'u naddu nw yn wandde clocs... i'r ffarmwyrz. Man nw'n 'u gwisgo nw o 'yd. Ac yn fwya dim nawr danswyrz... Odd yn nadcu yn y grefft 'yn te yn trwso sgidie... Gwaith digon caled wrth gwrs, ond nawr erbyn heddi dyw'r gwaith ddim tebyg i beth odd yn yr hen amser. Pan on i'n neud sgidie'n hunan... on i'n neud nw o leder i gyd... ma'r lleder hynny rhy dda nawr. 'So'r bobol yn moen nw nawr, man nw rhy ddrud. Gallan nw ddim a pyrnu nw braidd. Ond odd 'da nw esgid i gal wedi cal esgid o waith llaw.

Casgliad D.J. yn Archif Tafodieithoedd Dyfed

Siaradwr o Esgerdawe
Ganed 1914

Odd y gwys gynta dorres i'n anniben iawn. Odd yr arad yn dod mas o'r tir weithie a pryd arall odd e'n mynd yn rhy ddwfwn arno i. Dodd i ddim yn debyg i gwys a dweud y gwir. Odd llawer o las yn y golwg. Ond gyda'r cyfarwyddo fe ddes i galler troi cwys weddol deidi ta beth... 'wy'n cofio un hen foi yn gweud wthw i rwbryd... ti'n panso yn ofnadw... na 'wy 'im gwbod wedes i. Pwy wanieth yw e? Fydd y llafur yn dod 'r un peth ta pwy sy'n gam. O paid ti â camsynied wedodd e. Mae'n werth neud pob peth yn dda... Pam buse'r arad yn myn on llaw ambell waith 'wy'n cofio nhad yn gweud, cydia yn yr eiddeli, fachgen. Rodd hynny'n golygu bof fi'n mynd at gyrn yr arad a trio i llywio'n gowyr.

BLAS AR DDOSBARTH CEREDIGION
ABERTEIFI
CILCENNIN
HEN FYNYW
TALSARN
EGLWYS-FACH

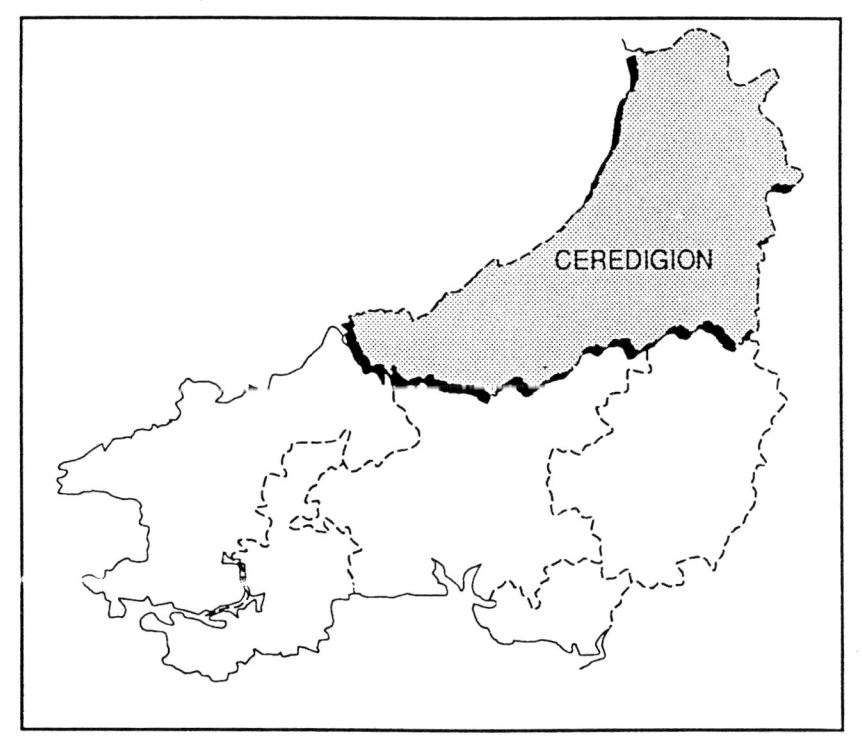

Casgliad I.R. Arnod 265B yn Archif Tafodieithoedd Dyfed

Siaradwr o Aberteifi
Ganed 1913

Wen nhw'n meddwl lot mwy am y ffair C'lan Geia a dydd Sadwrn barlysh... ddydd Sadwrn barlysh yn fowr, yn ddiwrnod mowr... a wrth gwrs ffair C'lan Geia, na'r pryd wedd y ffermwyr yn cymeryd gwas ffarm ymlân... Fel reol on nw'n cymeryd gwas am flwyddyn a os odd y ffarmwr a'r gwas ffarm yn hapus on nw'n cario mlan. Os na wen nw, un o'r ddou, wel 'na ddiwedd y busnes. A on nw'n mynd rownd y dre ar ddiwrnod y ffair, a wedd sawl tŷ tafarn yn y dre, y ran fwya on nw, on nw'n roid stafell fach yn y tŷ tafarn ar un ochor, a wedwch chi bod ffarmwr yn dod miwn a wedi gweld crwt... bargen wedyn. Cei di bedwr punt a hanner am flwyddyn, talu hanner dydd Sadwrn barlysh. Dwy siwt, dou bâr o *shoes*... a wedyn bydde un crys a coler a tei i gal mynd i'r cwrdd, a un arall am weitho... a on nw miwn am flwyddyn gyda'r ffarmwr. A wedd e'n gwbod beth wedd e'n 'ffod neud, faint o'r gloch odd e'n codi, faint o'r gloch odd e'n gorffen, dwarnod bant ar ddydd Sadwrn barlysh a phethe fel 'na. A wedyn dydd Sadwrn barlysh on nw'n dod miwn i'r dre fel *cowboys* a wedd bob tŷ tafarn just a bod a *home brew*. On nw'n macsu 'u hunen yn y tafarne 'ma, a wedd hwn yn stwff cryf ofnadw. Bwti tair cinog ne grot y peint wedd e. On nw lan 'u cluste rôl cwpwl o beints. Wen nw 'im yn arfer a'r stwff chwel.

Casgliad T.W. 1A yn Archif Tafodieithoedd Dyfed

Siaradwr o Gilcennin
Ganed 1890

Gwaith rhein oedd gwitho gwagre. Odd cymint yn iwso gwagre pryd 'ynny i drin llafur. Odd 'na ddim mashin nithio i gal. A nawr on nw'n trin y llafur trw'r gwagar 'ma... Cyn hou llafur odd rhaid troi'r llafur a chwedyn odd gwagar sbeshal ar gyfer troi llafur. Weles i ddim mo'r gwaith... ond fe glywes bod y ffarmwr weithie twlu pishyn hwech miwn i'r gwagar a'r llafur am nag odd e'n medru troi llafur yn iawn os nad odd e wedi cal y pishyn wech i'r wyneb. Fe glywes 'ynny, weles i ddim o onno fe'n 'unan... Weles i'r gwagre a leicswn i ddim bod yn shwr nag odd na gwagar dellt... 'Wy'n gwybod bod 'na bwer yn cal i iwso wedyn o'r helyg. On nw'n medru hollti'r helyg yn fain ac yn dene iawn, a plethu'r rheina wedyn. Wrth gwrs, odd y cant, y cylch, bwyti dair ne beder modfedd o led 'chweld a hanner modfedd o drwch... On nw wedi setlo lawr ma cyn cof 'da fi. On nw wedi setlo lawr. On nw'n byw ddim ym mell o fan 'yn... Chlywes i ddim un hanes o bwy gyfeiriad on nw wedi dod.

Casgliad Ll yn Archif Tafodieithoedd Dyfed

Siaradwraig o Henfynyw

Siani Bob Man... odd i'n galler sgrifennu dim gair druan fach... a odd i'n dod lan yma a on inne 'neud 'ddi weud pishin 'tho fi chi'n gweld. A finne odd yn sgrifennu nw lawr wedyn... Odd hi'n cofio'r cwbwl ar i cho'. Hi odd yn 'neud y penillion a finne'n i sgrifennu nw lawr fel odd hi'n i gweud nw. Odd hi'n dod amell waith a finne'n gweud wrthi... Gwedwch bishyn fel a'r fel nawr... Os odd rhwun yn gas i greadur odd Siân yn gweud abwyti fe... Wede Siân y gwir amdano fe... os bydde rhwun yn gas i rwbeth... ie, yr hen ------ y dyn mwya pwysig yn y gymdogeth 'ma:

    Hen shemist shop -------
    Hen sgrwbyn brwnt mên,
    Sy'n erbyn y tlodion
    'R amddifed a'r hen,
    Fe sy'n handlo yn Aberaeron
    Fel rhyw frenin neu *my lord*...
    Gest ti'r hen Shoni chwerw nosis
    Allswn feddwl ers tipyn nôl,
    Hala dy unig blentyn i'r bedd i orwedd
    Dy wraig yn fuan ar ei ôl...
    Dwyt ti'n darllen dim o'th Feibil
    Hanner awr na hanner dydd,
    Mae di hen galon wedi ei serio
    Gyda'r hen gyfo'th fel y dur,
    Roedd ryw grwtyn bach yn Llanarth
    Yn amddifad fel rwyf i,
    Ti oedd y cyntaf am ei hala
    I'r *poorhouse* lawr i odre'r shir...

'Siani Bob Man'

Casgliad I.G. Arnod 1190A yn Archif Tafodieithoedd Dyfed

Siaradwr o Dalsarn
Ganed 1923

... Hen fwthyn bach gwyngalchog. Ie, cegin a parlwr... hen dŷ cerrig... a'r cerrig ar 'u cante... un ar ddeg cyfer... dwy war a fi... Un yn hŷn na fi a un yn ifancach na fi... Dwy a hanner odd ------ amser farw dat yn 1929. Bwyti wyth mlynedd fuodd e'n briod... 'Wy'n cofio dat. 'Wy'n cofio'r angladd yn iawn, fel 'te 'i ddo. Mae 'wnnw'n rwbeth sy wedi aros ar feddwl plentyn... 'S 'im anghofio i gal... Odd dynion yn dda ond cinoge odd i pyr 'ny chwel. Dod nôl o'r angladd a dim lle i roi'r cinoge chwel, pocedi'n llawn. Pris trugaredd ar y pryd on ni'n weud ondife. 'Na faint odd pris trugaredd pyr'ny odd cinoge chwel. 'Sen nw'n bumpunnodd eddi... Ond 'na'r byd on ni'n byw yndo, ondife. *Tough life* chwel. Dim arian i gal glo... llifo cod a llifo a llifo... falle bod ni'n cal ryw gant o lo dros Nadolig... dim ragor... On i'n gorffod gwitho'n 'en un bach ondife. Dim ware, gwaith odd i... Odd pawb yn gysurus chwel yn byw ar drugaredd mewn ffordd, trugaredd cymdogion. Odd trugaredd i gal chwel... Dyma'r gymdogeth fach odd i gal chwel... Gethon ni ddigon o fwyd... a 'wnnw'n fwyd teidi... llath enwyn a phethe fel 'ny. Odd menyn gatre. Odd y cwbwl i gyd 'da ni chwel. Cadw dwy fuwch a magu ambell i lo chwel... Yn ariannol ac ar y plat, gwningod achubodd ni pyr'ny chwel... gwningod odd y cwbwl chwel. Trape a magle chwel... Dyna'r bwyd on ni'n gal.

Casgliad I.Ll.H. yn Archif Tafodieithoedd Dyfed

Siaradwr o Eglwys-fach
Ganed c.1920

Hen dai allan oedd 'na, stable, pan on i'n hogyn. Bues i'n tritio gwartheg a phethe fel'na a teirw. *Coach House* ydy i enw fo rwan... a fan'na oedd e'n cadw'r ceffyle a'r goets dach weld ynte... Dw i'n cofio i pan odd... yr en Fadocs yn byw 'na, yr un bildiodd e ynte, i ferch o... Cofiwch bod blydi Saeson yn byw yn rain i gyd rwan...

Cwm Einion odd enw'r ffarm ers talwm... Blaen Einion oedd yr enw... Ma' 'na lot rinton ni a pobol Talybont. Oes. Da wedan nw bob amser... gwartheg dan ni'n weud... Da yw *good* efo fi... a rwan dan ni'n deud... a llwynog... a allan... Mas wedith lot on nw yn Tre'rddol ond allan wedwn ni... Ma' teulu ni wedi bod yn byw yn yr ardal ma ers pum can mlynedd... a ma' un ferch yn byw yn pentre fan 'yn... Glywsoch chi son am Syr John Rhys? Oedd o'n *brincipal* yn coleg Oxford. Wel odd hwnnw'n perthyn yn agos reit i'm mamgu i, Elizabeth Rhys oedd hi... Ces i mo'i freins o 'te, ond oedd ym mamgu i'n gythgam o sgoler da.

BLAS AR BENFRO
CILGERRAN
LLANDUDOCH
MAENCLOCHOG
Y MOT
TYDDEWI

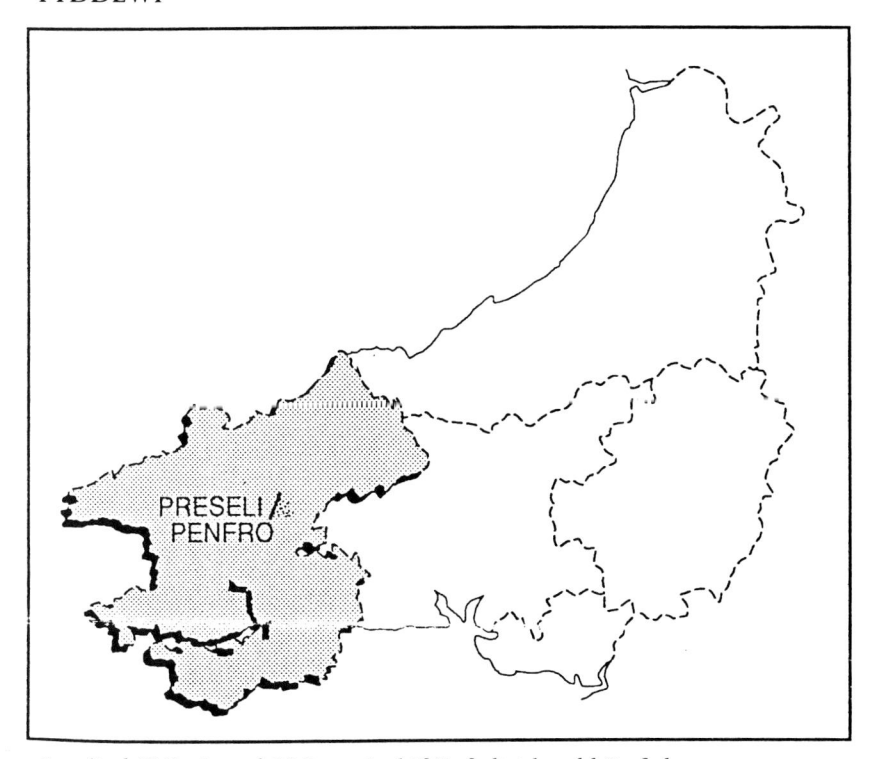

Casgliad H.E. Arnod 208 yn Archif Tafodieithoedd Dyfed

Siaradwraig o Gilgerran
Ganed 1886

Yfi we'n neud menyn, a wedd i'n or. Wedd 'im mo'r lleithdy en y tŷ, wedd e mas o'r tŷ... Wedyn on i'n clapo menyn man'ny wedi 'ny nes bof fi'n cal yng ngwres... Clapo menyn fel 'yn wen i'n neud—herc, cam a naid... Claper, dim dwylo... A gwedwch swmp biti ddou bown o fenyn ar y claper a clapo fe wedyn fel bod y llath enwyn myn' mas o ano fe chi'n gwel'. Os bydde llath enwyn indo fe, bydde mo'r menyn yn cadw chi'n deall nawr... Wen ni'n cadw ufen am wthnos... yn y crochon ufen. Ma'r crochon ufen ar llofft 'da fi nawr... A wech chi'n corddi shwrne bob wthnos... a'r fudde... A we ceffyl yn corddi wedyn, yn troi'r fudde... os bydde rwbeth yn rong mas, wen ni'n corddi wedyn, yn troi fe â'n dwylo... un y pen 'yn a un y pen 'na... Walle busech chi'n gorffod corddi am awr... pam bydde fe'n dod yn barod wedyn, wech chi'n tynnu fe mas o'r llath enwyn a roi fe yn y giler... a roi dŵr yn y giler wedyn... a'i dynnu fe trwyddo, a'i dynnu fe, dynnu fe, dynnu fe, dynnu fe o hyd wedyn a'i glapo fe lan o'r giler... a arllwys y dŵr off a'i rhoi fe nôl yn y giler wedyn weth. A pob clapad och chi'n roi, och chi'n roi e lawr ar y giler... a rhoi dwrned o halen fel byddech chi'n mofyn ar 'i ben e.

Casgliad H.G. Arnod 281B yn Archif Tafodieithoedd Dyfed
Siaradwr o Landudoch
Ganed 1913

Gatre, on ni'n naw o blant a wen nhad yn gwitho yn y Plas... A on ni'n cal *stocking* fowr wedyn amser Nadolig, un fowr fel sach, hwalpen... bobo hafol a bobo orenj a ryw fân bethe... on ni'n hwyl fowr, on ni'n cal gêm ychwel... a hware hon erbyn nos 'da'n gili'n blant ar bwys tân. Y tân llawr... nit tân mewn grat. Tân ar yr aelwd. Tân cod. A beth odd 'wnnw da odd berwi pethe i'r anifeilied chwel, berwi barlysh a berwi thato a twymo dŵr i olchi we'r en dân llawr. A we drybe... a phadell bres arni... Un rownd wedd e a we pige ar 'wnnw a odd e'n ddwfwn. Odd 'wnnw ar y tân llawr 'na dydd a nos. A 'na sut on nwn neud nawr yn nos... dim diffod y tân llawr, 'm ond tynnu'r prenne nôl ichwel a we'r tân yn diffo o ran i 'unan wedyn. A we tân yn y grat wedyn, a boiler mowr man 'na ar y pwys a we 'dach chi ddŵr poeth trw'r tŷ chwel... A uwchben y tân llawr ma nawr we ffwrn, ffwrn fricen, a man 'na wen nw'n pobi. Felly ar ddydd y pobi we tri tân yn mynd ichwel. A wen ni'n carto wedyn coed o Bant Saeson, digon o goed... A wedi i mam fod yn pobi trw'r di, a we 'wnnw'n broses... glwchu'r toes a roi mesur o *yeast* yndo fe a mesur o laeth. A wedyn ar ôl gorffen pobi nawr, a'r ffwrn yn weddol dwym, we da'i badell namel fowr, a odd i'n roi wedyn ryw bownd o reis miwn man 'na a'i llanw i bron tri chwarter llawn o laeth a'i gadael i 'na am y nos... Trannoth odd 'da chi drwch 'ma o bwdin reis, a 'wnnw a lliw melyn neis 'no fe. Wedd e'n fwyd arbennig.

Casgliad I.P.H. Arnod 1236 yn Archif Tafodieithoedd Dyfed

Siaradwr o Faenclochog
Ganed 1907

We hen gladdfa 'ma... a wedd dadcu'n gweud, ma rwbeth man 'na *right enough* achos ma'r ceffyl 'da fi o hyd yn sheio wrth baso fel 'na. A wedd nad yn gweud bod e wedi dod lan ffor 'na ryw nosweth a odd e 'di clwed rywun yn cwyno... We potsiers ofnadw i gal pyr'ny... wedd ddim cinoge i gal a na'r unig ginog odd gal wedyn wedd wningen. Wen i'n mynd lawr un nosweth 'na, wedi meddwl bod potsiers ambiti a wedi myn lawr. Odd gole sêr neis 'da i. A oen i'n drich lan... A weles rywun yn cinnu matshen wen i'n meddwl, i dano'r ffag ichwel. Reit wedes i, ma hwn 'da fi *right enough*... Danes y gole... dim yw dim. Drat, minte fi wrth yn 'unan... a feddilies i glwed rwbeth tu nôl i fi wedyn a dryches nôl a on i'n wel' e 'maso i nes lawr wedyn, at yr en gladdfa chmbod a gines y lamp lweth. Dim yw dim. Esim i nôl. Wel wyddoch chi, wen i'n clwed y gwallt yn sefyll. Wen. A 'sen i 'di dechre rhedeg pyr'ny 'wy'n credu taw redeg busen ni'n neud.

Casgliad B.J.D. Arnod 524 yn Archif Tafodieithoedd Dyfed

Siaradwr o'r Mot
Ganed 1913

We canodd o ffezants yn yr elltyd 'ma. Wen ni fel plant yn tshaso nw a wen nw'n cadw bwti dair llath o'ch blan chi. Wedyn pan wech chi'n geino tame bach wen nw'n hedfan, wedyn yn dishgyn lweth... A wen nw'n cal *crow shoot*... a wen ni amser wen ni'n blant yn min rown clasgu'r brain beth wedd yn cal i cwmpo, a wen nw'n roi nw gyd yn bac y car 'ma... a wen nw'n mind gatre a reini a wen nw'n neud *crow pie* mas oenin nw... a wen nw'n cal picnic. We'r gwrage'n dod da nw... we rai o'r gwrage'n seithu 'efyd... wen nw'n roi'r hampers a casgen o gwrw. Wen nw'n cal *high life*... Wenon ni'n cal min agos at y lle.

Casgliad S.G. Arnod 564 yn Arolwg Tafodieithoedd Dyfed

Siaradwraig o'r Mot
Ganed 1924

Odd in nhad i'n galler lladd mochyn a wedd e'n lladd i lot o ddinon... wen ni'n lladd bwti bedwar... odd bwyd da chi wedyn trw'r flwyddyn... Wedd e'n perfformans mowr, dala fe a wedd e'n sgrechen
wedyn, so we ishe dou ne dri o ddinion at y *job* 'na... on nw'n torri i wddwg e chmbod... Odd i'n ofnadw i gled nw'n sgrechen chwel. Wedyn odd raid cal dŵr berw i sgildanu nw a clau nw mas... a wedyn yr ail ddiwrnod wedyn buse fe'n cal i dorri lan. Ar iôl 'inny we'r gwaith yn dechre... wech chi'n neud ffagots a pob fath o bethe... a halltu wedyn, we halltu'n *job* jogel... Wech chi'n gorffodd rwto ar y crwen am sbel nes bod e'n dechre mind in ddwrllyd. Wedyn cyfro fe gyd da halen a gadel e'n goffor falle mish, wech wthnos. A cadw lligad arno, ailneud e os we ishe ac wedyn codi fe lan i hongian in y shime fowr wedyn. Odd e'n sychu mas wedyn, cadw am flwyddyn wedyn a bod ishe.

Casgliad W.B.W. Arnod 1548 yn Archif Tafodieithoedd Dyfed

Siaradwr o Dyddewi
Ganed 1902

Ond 'na lle we'r glo yn do miwn, trw Porthclaish. Tina'r hen storws man 'ny chwel wedd na dri storws i gyd, lle ma'r ffactri nawr. Wedd in 'efyd ar yr hewl i Porthclaish, lle wen nw'n cadw llafur. Odd llonge yn do miwn â glo a min mas â llafur. Odd. Ond 'te we tipyn o fwyd shop yn dod miwn i Solfach. I chi'n adnabyddis â Solfach? Dwi'n cofio llonge o *Bristol* yn do miwn i Solfach ac odd e'n dod man 'yn wedyn. Cart a ceffyl wedyn i Tyddewi. Odd llonge hwylio yn do miwn i Porthclaish, ond llonge stim wen do miwn i Solfach. Ie. Dwi'n cofio am i bad achub *Y Gem* yn Porthclaish. Mish *October* odd hi. Nosweth ofnadw. Cwch rwyfo odd y bad achub yr adeg 'ny chwel. Achubon nw dri o'r llong 'ma. Dod nôl a cymerodd i tide y cwch. Achubon nw dri a gollon nw dri o griw y bad. Ma'r mor 'ma yn 'ller bod yn greulon iawn.

Gwybodaeth Bellach

DEFNYDDIAU SAIN
Archif Tafodieithoedd Dyfed
Cyfeiriad: Adran y Gymraeg, Coleg Prifysgol Dewi Sant, Llanbedr Pont Steffan, Dyfed SA48 7ED.
Ffôn (0570) 422351, Ffax (0570) 423423
Ymholiadau: Dr Christine Jones, Dr David Thorne
Agored: Llun-Gwener 9.00-17.00.
Y Casgliad: 3,000 o oriau ar dâp gan gynnwys fideo. Adysgrifiadau. Llawysgrifau. Gwasanaeth ysgolion. Gwasanaeth llyfryddol.

DEFNYDDIAU LLYFRYDDOL
Anwyl, E. (1901), 'The points of phonetic difference between Welsh dialects', *Transactions of the Guild of Graduates*, tt. 35-52.
Anwyl, E. (1905), 'The dialects of Wales and the study of the Brythonic languages', *Transactions of the Guild of Graduates*, tt. 8-22.
Awbery, G. M. (1984), 'Sentence particles in spoken Welsh', *Bwletin y Bwrdd Gwybodau Celtaidd* XXXI, tt. 17-30. Seilir yr astudiaeth ar iaith lafar gogledd Sir Benfro.
Awbery, G. M. (1986), *Pembrokeshire Welsh—A phonological study*, National Museum of Wales—Welsh Folk Museum, Gwasg Gomer, Llandysul.
Awbery, G. M. (1986), 'Tafodiaith Sir Benfro', *Bro'r Eisteddfod—Abergwaun a'r Fro*, Gol. Eirwyn George, Christopher Davies, Llandybïe.
Awbery, G. M. (1988), 'Pembrokeshire Negatives', *Bwletin y Bwrdd Gwybodau Celtaidd* XXXV, tt. 37-49.
Awbery, G. M. (1990), 'Echo Pronouns in Pembrokeshire Welsh', *Papurau Gwaith Ieithyddol Cymraeg Caerdydd*, tt. 1-22.
Biddulph, Joseph (1988), *Landsker: A portrait of the two dialects of Pembrokeshire, Welsh and English*, Languages Information Centre, Pontypridd.
Brake, P. J. (1980), *Astudiaeth o seinyddiaeth a morffoleg Cwm-ann a'r cylch*, Traethawd M.A. Prifysgol Cymru, Llanbedr Pont Steffan.
Campbell, A. K. (1983), *Astudiaeth gymdeithasegol ieithyddol o Gymraeg Cwmaman Dyfed*, Traethawd M.A. Prifysgol Cymru, Abertawe.
Charles, B. G. (1971), 'The English element in Pembrokeshire Welsh', *Studia Celtica* VI, tt. 103-137.
Cledlyn (1957), 'Ieithoedd dieithr', *Y Genhinen* VII, tt. 115-116.
Darlington, Thomas (1900-1901), 'Some dialectal boundaries in Mid Wales With Notes on the palatalization of the Long A', *The Trans. of the Hon. Soc. of Cymrodorion*.

Davies, Dilys G. *(1983), 'Treiglo neu beidio: agweddau ar y treiglad llaes a'r treiglad trwynol yn iaith ysgrifenedig plant ysgol yn Nyfed', Papurau Gwaith Ieithyddol Cymraeg Caerdydd,* 3, tt. 45-76.

Davies, D. J. (1930), 'Dywediadau yr hen bobl', *Hanes... Llanarth, Henfynyw, Llanllwchaiarn a Llandysilio-gogo (Sir Aberteifi),* tt. 76-77, Spurrell a'i Fab, Caerfyrddin.

Davies, Evan (1905), 'Tafodiaith', *Hanes Plwyf Llangynllo,* tt. 206-11, J. D. Lewis, Llandysul.

Davies, E. J. (1955), *Astudiaeth gymharol o dafodieithoedd Llandygwydd a Dihewyd,* Traethawd M.A. Prifysgol Cymru, Aberystwyth.

Davies, E. P. (1982), *Astudiaeth seinyddol a morffolegol o dafodiaith Trimsaran,* Traethawd M.A. Prifysgol Cymru, Llanbedr Pont Steffan.

Davies, John (1621), *Antiquae Linguae Britannica Rudimenta.* Ceir Adargraffiad *facsimile* o argraffiad 1621 gan y Scolar Press (Menston, England, 1968) rhif 70 yn y gyfres *English Linguistics 1500-1800.*

Davies, J. J. G. (1934), *Astudiaeth o Gymraeg llafar Ceinewydd: ei seineg gydag ymchwiliadau gwyddonol ei seinyddiaeth a'i ffurfiant gyda geirfa lawn a chyfeiriad at ei semanteg,* Traethawd Ph.D. Prifysgol Cymru, Aberystwyth.

Davies, J. J. G. (1934), 'The plosive consonants of a Cardiganshire dialect', *Zeitschrift fur Celtische Philologie,* 20, tt. 429-447.

Davies, J. J. G. (1934), 'Rhai o eiriau llafar Ceinewydd a'r cylch', *Bwletin y Bwrdd Gwybodau Celtaidd* VII, tt. 246-257 a 1935, tt. 353-362.

Davies, J. J. G. (1934), 'Rhai gwerineiriau diddorol (o ardal y Cei)', *Bwletin y Bwrdd Gwybodau Celtaidd* VII, tt. 258-260.

Davies, J. J. G. (1936), 'The nasal consonants of a Cardiganshire dialect', *Zeitschrift fur Celtische Philologie,* 20, tt. 304-314.

Davies, J. J. G. (1936), 'Some dialect forms from the district of New Quay, Cardiganshire', *Zeitschrift fur Celtische Philologie* 20, tt. 293-303, 409-428.

Davies, L. (1972), 'Geirfa pysgotwyr glannau Cymru', *Bwletin y Bwrdd Gwybodau Celtaidd* XXV, tt. 46-59.

Davies, W. B. (1952), 'Ffin dwy dafodiaith', *Bwletin y Bwrdd Gwybodau Celtaidd* XIV, tt. 273-283.

Davies, W. B. (1981), 'Ffiniau iaith ac arferion', *Cylchgrawn Cymdeithas Hynafiaethwyr Ceredigion,* tt. 181-184.

Davies, W. B. (1929), 'Gwerineiriau rhan isaf dyffryn Aeron', *Bwletin y Bwrdd Gwybodau Celtaidd* IV, tt. 287-304.

Dienw (1903), 'Tafodieithoedd sir Aberteifi', *Cymru* XXIV, t. 320.

Dienw (1906), 'Rhai o eiriau sir Aberteifi', *Cymru* XXXI, t. 258.

Dienw (1906), 'Llafar Gwlad: Rhai o eiriau Sir Benfro', *Cymru* XXXI, t. 208.

Edwards, G. A. (1911), 'Rhai o eiriau llafar Shir Gâr', *Cymru* XXXX, t. 243.

Elmer, W. (1973), *The terminology of fishing: A survey of English and Welsh inshore-fishing things and words,* Cooper Monographs: English Dialect Series 19, Berne, Francke, tt. 306-317.

Emery, F. V. (1958), 'A map of Edward Lluyd's *Parochial Queries* (1696)', *The Trans. of the Hon. Soc. of Cymmrodorion*, tt. 45-57.
Evans, D. A. (1907-8), 'Geiriau Hynod (Ardal Glynarthen, Plwyf Penybryn, Godre Ceredigion)', Transactions of the Guild of Graduates, tt. 100-112.
Evans, D. A. (1907-25), 'Geiriau Hynod Godre Ceredigion', *Cymru*, Cyf. 33-69.
Evans, D. A. (1930), 'Casgliad o eiriau sathredig llafar gwlad: ardal Glynarthen, plwyf Penybryn a godre Ceredigion', *Ysgrif Fuddugol yn Eisteddfod Genedlaethol Llanelli 1930*.
Evans, D. L. (1931), 'Rhai gwerin eiriau (De-Ceredigion)', Gohebiaeth *Cardigan & Teify Side Advertiser*, 25 Dec. 1931, t. 2.
Evans, Huw, 'Casgliad o ymadroddion cefn gwlad Ceredigion', Cynlluniau Clwb Ffermwyr Ifanc.
Evans, J. Gwenogfryn (d.d.), Ymateb i holiadur Urdd y Graddedigion, Llawysgrif Llyfrgell Genedlaethol Cymru 2473C.
Evans, W. Eilir (1897), Ymateb i holiadur Urdd y Graddedigion, Llawysgrif Llyfrgell Genedlaethol Cymru 2492C.
Evans, W. Eilir (1907), 'Dialect Notes (South Cardiganshire), *Transactions of the Guild of Graduates*, tt. 97-99.
Evans, W. R. (1986), *Cawl Shir Bemro. Ysgrifau a cherddi yn nhafodiaith Sir Benfro*, Gwasg Gomer, Llandysul.
Greene, D. (1975-76), 'The Irish numerals of south Cardiganshire', *Studia Celtica*, X-XI, tt. 305-311.
Griffiths, G. & Phillips, J. (1976), *Wês, Wês: Ysgrifau a cherddi yn nhafodiaith Sir Benfro*, Cyhoeddiadau'r Frenni, Talybont.
Griffiths, G. & Phillips, J. (1978), *Wês, Wês, Weth*, Cyhoeddiadau'r Frenni, Talybont.
Griffiths, G. (1982), *Wês, Wês—Shwrne 'to*, Cyhoeddiadau'r Frenni, Talybont.
Griffiths, Phoebe (1904), 'Dialect of North Pembrokeshire', *Transactions of the Guild of Graduates*, tt. 59-65.
(Yr) Hen Fachgen, 'Rhai gwerin eiriau', *Cardigan and Tivy-side Advertiser*, 11 Dec, 1931.
(Yr) Hen Foi, 'Rhai Gwerin Eiriau', *Cardigan & Tivy-side Advertiser*, 24 Dec, 1931.
Jackson, Kenneth (1933), 'Coracle fishing terms. Towy coracle fishers, Carmarthen', *Bwletin y Bwrdd Gwybodau Celtaidd* VI, tt. 312-313.
Jenkins, D. (1962), 'Trefn ffarm a llafar gwlad', *Ceredigion* 4, tt. 244-254.
Jenkins, D. (1974), 'Llafar gwlad a chymdeithas II', *Y Traethodydd* 129, tt. 256-276.
Jones, A. E. (1982), 'Erydiad geirfaol: astudiaeth ragarweiniol', *Papurau Gwaith Ieithyddol Cymraeg Caerdydd*, 2, tt. 25-42. Astudiaeth ragarweiniol wedi ei seilio ar ddeunydd a gasglwyd oddi wrth grŵp bychan o bobl ym mhentref Abergwili.
Jones, A. E. (1984), 'Erydiad geirfaol ym mhentrefi Clunderwen, Efailwen a Llandysilio, *Papurau Gwaith Ieithyddol Caerdydd*, 4, tt. 81-100. Erydiad geirfaol dros dair cenhedlaeth yng ngogledd Sir Benfro.
Jones, A. E. (1984), *Erydiad geirfaol ym mhentrefi Clunderwen, Efailwen a Llandysilio*, Traethawd M.A. Prifysgol Cymru, Caerdydd.

Jones, C. M. (1987), *Astudiaeth o iaith lafar Y Mot sir Benfro*, Traethawd Ph.D. Prifysgol Cymru, Llanbedr Pont Steffan.

Jones, C. M. (1989), 'Cydberthynas Nodweddion Cymdeithasol ag Amrywiadau'r Gymraeg yn y Mot, Sir Benfro', *Bwletin y Bwrdd Gwybodau Celtaidd* XXVI, tt. 64-83.

Jones, E. R. (1914), 'Cymraeg Môn a Chymraeg godre Ceredigion ochr yn ochr', *Y Geninen* XXXII, tt. 138-41.

Jones, M. H. (1905-7), 'Demetian dialect of Carmarthen', *Trans. Carms. Antiq. Society* I, tt. 99-100, 106, 117-8, 120.

Jones, N. G. (1986), *Astudiaeth o erydiad geirfaol ym Mhontyberem*, Traethawd M.A. Prifysgol Cymru, Abertawe.

Jones, R. O. (1967), *A Structural phonological analysis and comparison of three Welsh dialects*, Traethawd M.A. Prifysgol Cymru, Bangor.

Jones, R. O. (1971), 'Comparative dialectology', *Studia Celtica* VI, tt. 163-174. Trafodaeth ar iaith lafar: Dyffryn Nantlle, Llanfachreth, Tyddewi.

Jones, T. Gwynn (1931), 'Casgliad o eiriau llafar dyffryn Aman', *Bwletin y Bwrdd Gwybodau Celtaidd* IV, tt. 327-337.

Jones, T. Gwynn (1914), 'Geiriau Llafar Gwlad: Canol Ceredigion', *Cymru* XXXXVI, t. 21.

Jones, T. Gwynn (1914), 'Geiriau Llafar Gwlad: Deheubarth Ceredigion a Gorllewin Caerfyrddin', *Cymru* XXXXVI, t. 21.

Jones, T. Gwynn (1914), 'Geiriau Llafar Gwlad: Gogledd Ceredigion', *Cymru* XXXXVI, t. 23.

Jones, T. G. (1935), 'Dialects', *History of Carmarthenshire I*, (gol. Syr J. E. Lloyd), tt. 15-21.

Lewes, E. (1914), 'Some Welsh flower names', *Cylchgrawn Cymdeithas Hynafiaethwyr Ceredigion* I, tt. 1-13.

Lewis, D. G. (1960), *Astudiaeth eirfaol o iaith gogledd-orllewin Ceredigion*, Traethawd M.A. Prifysgol Cymru, Aberystwyth.

Lewis, D. M. (1904), 'Dialects of north Pembrokeshire', *Transactions of the Guild of Graduates*, tt. 63-4.

Lewis, Timothy (1908), 'List of dialect words and expressions', *Transactions of the Guild of Graduates*, t. 57.

Morgan, T. J. (1987), 'Simo' in gwbod. Sana-i'n gwbod', *Bwletin y Bwrdd Gwybodau Celtaidd* XXXIV, tt. 88-93.

Morris, W. M. (1910), *A glossary of the Demetian dialect of North Pembrokeshire*, Evans & Short, Tonypandy. Ailargraffiad *facsimile* 1991, Llanerch, Felinfach.

Peate, Iorwerth C. (1955), 'Termau ffatrioedd gwlân', *Bwletin y Bwrdd Gwybodau Celtaidd* XVI, t. 95.

Phillips, J. W. & Warren, F. J. (1914), *History of Haverfordwest with that of some Pembrokeshire parishes*, Published by subscription. Rhestr o werineiriau sir Benfro, tt. 203-230.

Pilch, H. (1958), 'Morphologie der Nasalmutation in der Umgangssprache von Nordcardiganshire', *Lingua* VII, tt. 269-273.

Pilch, H. (1971), 'The syntactic study of colloquial Welsh', *Studia Celtica* VI, tt. 138-157.

Richards, Melville (1948), 'Rhai geiriau llafar o Lanelli', *Bwletin y Bwrdd Gwybodau Celtaidd* XII, tt. 23-25.

Richards, M. (1962), 'Welsh meid(i)r, moydir, Irish bothar, lane, road', *Lochlann II*, tt. 126-134.

Richards, W. Leslie (1956), 'Iaith fy nhad', *Genhinen*, Cyf. VI, tt. 209-213.

Rhŷs, J. (1903), 'Pembrokeshire Welsh', *The Pembroke County Guardian*, 17 Dec. 1903.

Roberts, Brynley F. (1991), 'Y Tywysog Louis-Lucien Bonaparte (1813-1891)', *Y Traethodydd* CXLVI, tt. 146-161.

Saer, David J. & Thomas, David (1926), 'Notes and queries for local research in Cardiganshire', *Cylchgrawn Cymdeithas Hynafiaethwyr Ceredigion* V, tt. 82-90.

Salmon, David (1926), 'The South Pembrokeshire dialect', *West Wales Historical Review* XI, tt. 141-176.

Scourfield, Elfyn (1964), *Rhai o werin-eiriau plwyf Trelech a'r Betws*, Traethawd tystysgrif addysg (Cymru). Llsgr. Amgueddfa Werin Cymru 2012/1.

Stern, J. (1973), *The English and Welsh dialect of Pumsaint, Carmarthenshire*. Rhan o Astudiaeth ar gyfer M.A. mewn Astudiaethau Tafodieithol Prifysgol Leeds.

Thomas, A. D. (1987), *Tafodiaith Plwyf Tyddewi*, Traethawd M.A. Prifysgol Cymru, Abertawe.

Thomas, A. R. (1973), *The Linguistic Geography of Wales: A contribution to Welsh Dialectology*, Gwasg Prifysgol Cymru, Caerdydd.

Thomas, Beth a Peter Wyn Thomas (1989), *Cymraeg, Cymrâg, Cymrêg... Cyflwyno'r Tafodieithoedd*, Gwasg Taf, Caerdydd.

Thomas, D. (1924), 'An old system of numeration found in South Cardiganshire', *Cylchgrawn Cymdeithas Hynafiaethwyr Ceredigion* 3, tt. 9-19.

Thomas, D. (1927), 'Some of the remains of the lost Goidelic language of Cardiganshire', *Cylchgrawn Cymdeithas Hynafiaethwyr Ceredigion* 5, tt. 78-82.

Thomas, T. J. (1933), 'Iaith y buarth a'i phobl (Ardal glan Cerdin, sir Aberteifi)', *Western Mail and South Wales News*, 4 Aug. 1933.

Thorne, D. A. (1971), *Astudiaeth ffonolegol a morffolegol o dafodiaith Llangennech*, Traethawd M.A. Prifysgol Cymru, Caerdydd.

Thorne, D. A. (1975), 'Arwyddocâd y rhagenwau personol ail berson unigol ym Maenor Berwig Cwmwd Carnwyllion', *Studia Celtica* X/XI, tt. 383-7.

Thorne, D. A. (1976), *Astudiaeth gymharol o ffonoleg a gramadeg iaith lafar y maenorau oddi mewn i gwmwd Carnwyllion yn sir Gaerfyrddin*, Traethawd Ph.D. Prifysgol Cymru, Caerdydd.

Thorne, D. A. (1977), 'Arwyddocâd y rhagenwau personol ail berson unigol yng Nglyn Nedd (Gorllewin Morgannwg), Hebron (Dyfed) a Charnhedryn (Dyfed)', *Bwletin y Bwrdd Gwybodau Celtaidd* XXVII, tt. 389-98.

Thorne, D. A. (1984), 'Llafar Bro'r Eisteddfod', *Bro'r Eisteddfod 4, Llanbedr Pont Steffan*, Gol. Hywel Teifi Edwards, Christopher Davies, Llandybïe.
Thorne, D. A. (1986), 'Adolygiad o Awbrey (1986)', *Llais Llyfrau Gaeaf* 1986, t. 12.
Thorne, D. A. (1986), 'Map tafodieithol John Rhŷs: Y cefndir ieithyddol', *Cylchgrawn Llyfrgell Genedlaethol Cymru* XXIV, tt. 448-62.
Thorne, D. A. (1987), 'Archif o lafar Dyfed', *Llafar Gwlad* 17, tt. 14-15.
Thorne, D. A. (1989), 'Dosbarthiad arall posibl ar gyfansoddeiriau'r Gymraeg', *Bwletin y Bwrdd Gwybodau Celtaidd* XXXIV, tt. 120-23.
Tierney, H. C. (1910), 'The Demetian Dialect', *Carmarthenshire Antiquarian Society Transactions* XI, tt. 23-24.
Upton, C. (1970), *Studies in the linguistic geography of Pembrokeshire and the Gower peninsula*, Traethawd M.A. Prifysgol Cymru, Abertawe.
Wade-Evans, A. W. (1903-04), 'Fishguard Welsh: Cwmrag Abergwaun', *The Pembrokeshire County Guardian*, 24 Dec. 1903; 31 Dec. 1903; 14 Jan. 1904; 21 Jan. 1904.
Wade-Evans, A. W. (1905), 'Carmarthenshire dialects', *Carmarthen Antiquarian Society Transactions* I, t. 57.
Wade-Evans, A. W. (1906), 'Cwmrag Abergwaun', *Transactions of the Guild of Graduates*, t. 21.
Watkins, E. M. (1988), *Astudiaeth Seinyddol o Dafodiaith Gwardiau Cil-y-Cwm P, Cil-y-Cwm Q, Rhandir Mwyn, Llanfair-ar-y-Bryn yn Nosbarth Dinefwr, Dyfed*, Traethawd M.Phil. Prifysgol Cymru, Llanbedr Pont Steffan.
Welsh Gazette (1909), 'The dialects of Cardiganshire', *Welsh Gazette*, 18 Nov. 1909.
Williams, D. G. (1906), 'Nodiadau tafodieithol', *Transactions of the Guild of Graduates*, t. 18-21.
Williams, H. M. (1909), 'Dialects of Cardiganshire', Address by Rev. H. M. Williams, Lledrod, *Welsh Gazette*, 13 Nov. 1909.
Williams, J. L. (1950), 'Rhai o eiriau'r clôs a'r buarth', *Bwletin y Bwrdd Gwybodau Celtaidd* XIII, t. 138.